한달완성

한국어 중급 I 듣기

연세대학교 한국어학당 편

연세대학교 대학출판문화원

한달완성 한국어 중급 I 듣기

편저자 연세대학교 한국어학당 교재편찬위원회
집필진 조현선·김수미·방선영·김보경
펴낸곳 연세대학교 대학출판문화원
주소 서울특별시 서대문구 연세로 50
전화 02)2123-3378~80
팩스 02)2123-8673
E-mail ysup@yonsei.ac.kr
홈페이지 http://press.yonsei.ac.kr
연세대학교 대학출판문화원
등록 1955년 10월 13일 제9-60호
그림 이은황
성우 전광주·윤미나
녹음 (주)반도음반
인쇄 (주)동국문화

2008년 6월 30일 1판 1쇄
2017년 1월 25일 1판 6쇄
ISBN 978-89-7141-827-7 (08710)

값 20,000원

머리말

한국어 교육의 50년 전통을 이어 온 연세대학교 언어연구교육원 한국어학당에서는 한국어 교육의 질을 높이기 위해 다양한 교재를 편찬해 왔다. 요즘 한국과 한국 문화에 대한 세계인들의 관심이 높아지고 한국어를 배우고자 하는 해외 동포와 외국인이 늘면서 한국어 교재에 대한 학습자들의 요구도 다양해졌다. 이에 따라 연세대학교 언어연구교육원 한국어학당에서는 한국어 중급 학습자를 위해 말하기, 듣기, 쓰기 능력을 강화할 수 있는 교재를 출간하게 되었다. 이들 교재는 학습자들이 한국어를 배우면서 부족하다고 느끼는 기술별 한국어 능력을 보충할 수 있도록 하기 위해 만들어졌다. 각 교재는 학습자들이 필요와 목적에 따라 선택하여 집중적으로 기술별 한국어 능력을 향상할 수 있도록 구성되었다.

언어 교육은 목표 언어를 통한 의사소통 능력을 향상시키고 그 언어가 속한 사회와 문화를 이해하는 데 그 목적이 있다. 이를 위해서는 일정 수준의 언어 능력이 우선되어야 할 것이다. 이 교재는 짧은 시간에 기술별 한국어 능력을 강화시키고자 하는 학습자들에게 많은 도움이 될 것이며 한국어학당에서 출간된 회화 중심의 교재와 더불어 한국어 교육에 큰 몫을 담당하리라고 본다.

이들 교재는 한국어 중급 학습자를 위한 기술별 교재로는 첫 번째 시도인 만큼 부족한 부분도 있으리라 생각한다. 연세대학교 언어연구교육원 한국어학당 교재편찬위원회는 앞으로도 학습자들의 요구에 부응하는 보다 나은 교재를 개발하기 위해 최선을 다할 것이다.

연세대학교 언어연구교육원
한국어학당 교재편찬위원회

일러두기

- **한달완성 한국어 중급I 듣기**는 초급 과정을 마친 한국어 학습자들이 다양한 듣기 전략 습득을 통하여 한국어 듣기 능력을 향상시키는 데 도움을 주고자 개발하였다.

- 본 교재의 다양한 담화 내용의 듣기 지문과 과제 유형은 한국어능력시험 준비에도 도움이 될 것이다.

- 본 교재에 실려 있는 다양한 사진과 그림은 학습자의 이해를 도우며 학습자로 하여금 관심과 흥미를 가질 수 있도록 하였다.

- 본 교재는 총 20개의 과로 이루어져 있다. 각 과는 제목, 학습 목표, 알아봅시다, 들읍시다, 생각해 봅시다로 구성되어 있으며, 교재의 뒷부분에 듣기 지문, 모범 답안, 어휘 색인이 있다. 각 과의 난이도와 주제는 다음과 같다.

■ 1-5과는 초급을 마치고 중급에 입문한 학습자가 무리 없이 들을 수 있으며 한국어 학습자가 한국에서 부딪히게 되는 일상적인 상황을 주제로 다루었다.
■ 6-15과는 중급 학습자가 무리 없이 들을 수 있으며 주로 개인적 관심사와 관련된 것을 주제로 다루었다.
■ 16-20과는 보다 높은 수준의 중급 학습자에게 적당하며 학습자들이 듣기 활동을 통하여 한국의 사회 · 문화적 요소를 습득할 수 있는 주제를 다루었다.

* 각 과의 제목은 그 과의 주제를 드러내는 문장으로 구성되어 있다.

* 각 과의 학습 목표는 그 과에서 학습자들이 알아야 할 듣기 기능을 중심으로 제목 아래에 제시하였다.

* 본 교재의 각 과는 알아봅시다, 들읍시다, 생각해 봅시다의 세 가지 활동으로 구성되어 있으며 50분 수업을 기준으로 개발되었다.

알아봅시다는 '듣기 전 활동'으로서 사진이나 그림을 보면서 각 과의 주제에 대하여 이야기를 나누는 I 단계와 주제와 관련된 어휘 네 개를 습득하는 II 단계로 이루어져 있다.
특히 II 단계에 제시된 어휘들은 해당 과의 듣기 지문에 나오는 것이므로 반드시 학습할 것을 권한다.

들읍시다 는 '듣기 활동' 으로서 구체적인 구성은 다음과 같으며 Ⅰ단계에서 Ⅱ단계, Ⅲ단계로 갈수록 점점 수준이 높아진다. 교사는 학습자의 수준과 능력에 따라 적당한 단계를 선택하여 수업을 진행할 수도 있다. 각 단계 아래의 번호 1, 2, 3은 듣기 지문 1, 2, 3을 뜻한다.

I – 독립된 네 개의 일상적인 대화를 듣고 답을 찾도록 한다. 이 때 네 개의 지문을 두 번씩 들려 줄 것을 권하나 경우에 따라서 한 번만 들려줄 수도 있다.

II – 동일한 질문에 대한 각기 다른 세 개의 담화(모놀로그)를 듣고 답을 찾도록 한다. 이 때 교사는 세 개의 지문 전체를 한 번 들려준 후 의 답을 찾도록 하고 다시 한 번 들려준 후 의 답을 찾도록 한다. 하지만 경우에 따라서 한 번만 들려준 후 와 의 답을 모두 찾도록 할 수도 있다.

III – 세 개의 독립된 공식적인 상황의 담화(뉴스, 안내 방송, 광고, 수업 등)를 듣고 답을 찾도록 한다. 이 때 교사는 한 개의 지문을 한 번이나 두 번 들려 준 후 그 다음 지문으로 넘어간다.
III 단계의 3번 지문은 각 과의 주제와 관련된 한국 문화를 소개하는 것으로 한국어 학습자들에게 한국에 대한 배경지식을 넓힐 수 있는 기회가 될 것이다.

생각해 봅시다 '듣기 후 활동' 으로서 각 과에서 들은 내용을 토대로 한 간단한 말하기 활동을 통하여 그 과에서 학습한 내용을 정리하도록 한다.

* 본 교재의 어휘 색인에는 과별 주요 어휘가 교재에 제시된 순서대로 정리되어 있다.

• 본 교재는 연세 한국어 1, 2, 3의 어휘와 문법을 반영하였다.

내용 구성

과	제 목	주제	소주제 I	소주제 II	소주제 III			제시 어휘	
1	독방은 하숙비가 얼마예요?	집	집 구하기	집 소개	아파트 청소 안내	원룸과 오피스텔의 차이	한옥	전세 보증금	월세 관리비
2	이번에 대학에 입학한 신입생이에요	학교	학교 생활	학생들의 고민	숙제 안내	신입생 오리엔테이션	서당	강당 상담실	강의실 학생회관
3	이야기하다가 친구가 됐어요	친구	친구 사귀기	친구 문제	동아리 회원 모집	이상형에 대한 설문조사	소개팅	깔끔하다 이기적이다	내성적이다 변덕스럽다
4	차가 왜 이렇게 밀리지요?	교통	길 찾기	교통수단 이용	기내 주의사항 안내	교통상황	교통 카드	충전 버스전용차선	단말기 카드를 대다
5	2번 창구로 오십시오	공공기관	공공기관 이용	공공기관 이용방법 안내	외국인을 위한 서비스	외국인 등록증	우체국 쇼핑	도난신고서 외국인등록증	환전수수료 현금자동인출기
6	즐거운 여행 되시기 바랍니다	여행	여행 관련 서비스	자신만의 여행 노하우	펜션 안내	시티투어 버스	효도 관광	탑승권 관광안내서	세면도구 여행자 수표
7	여러 나라 동전을 수집하고 있어요	취미	취미 생활의 변화	취미 소개	사진 전시회 안내	외국인을 위한 요리 학원 소개	백화점 문화센터	촬영 감상	수집 연주
8	인터넷으로 예매하고 극장에 가요	영화	영화와 관련된 선택	영화 선택 기준	영화 예고	영화 평	부산국제 영화제	개봉 영화제	상영 주인공
9	저는 찜질방에 자주 가요	여가	여가와 관련된 선택	여가를 즐기는 장소	놀이공원 공연 안내	달라진 노래방	찜질방	신나다 시원하다	답답하다 아슬아슬하다
10	이쪽에 있는 머리핀은 얼마예요?	쇼핑	물건 사기	쇼핑 장소	백화점 할인행사 안내	홈쇼핑 방송	동대문 새벽시장	매장 품절	상가 제조일자

과	제 목	주제	소주제 I	소주제 II	소주제 III			제시 어휘
11	피부가 좋아질 수 있을까요?	외모	외모 가꾸기	외모에 대한 고민	화장품 광고	패션쇼	조선시대의 미인	굵다 거칠다 갸름하다 날씬하다
12	TV로 영어 강의를 들어요	TV	다양한 TV 프로그램	즐겨보는 TV프로그램	퀴즈 프로 예고	TV 끄기 운동	한류	시청자 연예인 사회자 출연자
13	저는 평소에 김밥을 즐겨 먹어요	음식	음식과 관련된 다양한 상황	즐겨 먹는 음식	요리 프로그램	음식 이름 맞히기	김치	젓다 뿌리다 부치다 끓이다
14	감기에 걸린 적이 거의 없어요	건강	병	건강 유지 비결	과일과 야채의 색과 건강	걷기 운동	한의학	검사 진찰 치료 수술
15	여보세요, 거기 119지요?	전화	전화 통화	음성 메시지	휴대폰 서비스 광고	엄지족	'여보세요'의 의미	통화 중 대기 발신자 표시 수신자 부담 전화번호 변경 안내
16	결혼하고 싶은 생각이 별로 없어요	가족	가정의 다양한 상황	배우자와 결혼에 대한 의견	출산 장려 공익광고	가족 소개 프로그램	기러기를 전하는 결혼풍습	대가족 핵가족 다문화가정 맞벌이가정
17	일이 적성에 맞지 않아서 힘들어요	일	직장과 관련된 다양한 상황	직업에 대한 의견	취업 사이트 광고	이력서 쓰는 법	빨간 내복	취직 조건 제출 이력서
18	오늘 2차는 어디로 갈까요?	모임	모임과 관련된 다양한 상황	모임에서 느낀 점	유학생 모임 안내	모임에 어울리는 옷차림	번개 모임	회식 동창회 환영회 송별회
19	앞으로는 꼭 두 손으로 드릴게요	예절	한국에서 지켜야 하는 예절	예절에 대한 생각	개인적 질문을 많이 하는 이유	인터넷 예절	한국인의 언어 예절	예의가 없다 예의가 바르다 예의를 지키다 예의에 어긋나다
20	세배할 줄 알아요?	풍습	한국 풍습	특별한 날	추석 행사 안내	결혼이민 여성을 위한 행사	돌잡이	돌 설날 칠순 추석

차례

1과 독방은 하숙비가 얼마예요?

학습 목표 집을 구할 때 사용되는 어휘와 표현을 듣고 이해할 수 있다.

알아봅시다

Ⅰ. 다음 사진을 보고 질문에 대답하십시오.

1. 여러분은 어떤 집에 살고 싶어요?
2. 왜 그 집에 살고 싶어요?

Ⅱ. 단어와 관계있는 설명을 연결하십시오.

1. 전세 •	• 매달 집 주인에게 돈을 내고 집을 빌리는 것
2. 월세 •	• 전세나 월세로 집을 빌릴 때 주인에게 맡기는 돈
3. 보증금 •	• 아파트에 사는 사람이 수도, 전기 등을 사용하고 내는 돈
4. 관리비 •	• 처음에 큰 돈을 내고 집을 빌리는 것. 돈은 나중에 돌려받음

들읍시다

001 ~ 004

I. 학생들이 집을 구하고 있습니다.
대화를 듣고 이 학생이 말하고 있는 집을 고르십시오.

1. (   )

① **하숙생 구함**
1인실
월 38만원
연세대 정문 근처

② **하숙생 구함**
1인실
월 48만원
연세대 정문 근처

③ **하숙생 구함**
2인 1실
월 28만원
연세대 정문 근처

2. (   )

① 

② 

③ 

3. (   )

① 

② 

③ 

4. (   )

① 

② 

③ 

🔊 005～007

Ⅱ. 학생들이 자기가 살고 있는 집에 대해서 이야기하고 있습니다.

듣고 이 학생이 살고 있는 집을 찾아 □ 안에 번호를 쓰십시오. 그리고 그림 아래에 힌트가 된 단어를 쓰십시오.

□ 

□ 

□ 

____________ ____________ ____________

다시 듣고 내용과 같으면 ○, 다르면 X 하십시오.

1. ① 아주머니 덕분에 학교에 늦지 않는다. ( )
   ② 이곳에는 욕실이 없다. ( )

2. ① 정해진 시간 안에 들어가야 한다. ( )
   ② 이 사람은 한국말을 공부하고 있다. ( )

3. ① 처음에는 이 집으로 결정하기가 쉽지 않았다. ( )
   ② 부엌과 화장실은 다른 사람과 같이 사용한다. ( )

008 ~ 010

Ⅲ. 다음을 듣고 질문에 답하십시오.

1.

1) 어디에서 들을 수 있는 안내입니까? ( )

① 학교　② 아파트　③ 백화점

2) 이 안내를 들은 사람이 해야 하는 일을 고르십시오. ( )

① 내일 계단을 청소해야 한다.
② 내일은 계단을 이용해야 한다.
③ 미리 계단에 있는 물건을 치워야 한다.

2.

1) 이야기의 제목을 고르십시오. ( )

① 원룸과 오피스텔의 장점
② 원룸과 오피스텔의 차이
③ 원룸과 오피스텔의 관리비

2) 들은 내용과 다른 것을 고르십시오. ( )

① 원룸은 사무실로도 쓸 수 있다.
② 원룸은 오피스텔보다 낮은 건물이다.
③ 원룸은 오피스텔보다 관리비가 싸다.

3.

1) 듣고 알 수 있는 것을 모두 골라서 √ 하십시오.

☐ 한옥의 색　☐ 한옥의 장점　☐ 한옥의 단점
☐ 한옥의 역사　☐ 한옥의 크기　☐ 한옥의 인기

2) 간단하게 쓰십시오.

한옥의 여름	
한옥의 겨울	

생각해 봅시다

다음 표를 보고 친구와 이야기를 나누십시오.

질문 내용	친구 1	친구 2
지금 살고 있는 집		
지금 살고 있는 집의 장점		
지금 살고 있는 집의 단점		

2과 이번에 대학에 입학한 신입생이에요

학습 목표 학교생활에 필요한 어휘와 표현을 듣고 이해할 수 있다.

알아봅시다

Ⅰ. 다음 사진을 보고 질문에 대답하십시오.

1. 학교생활이 재미있어요?
2. 학교생활에서 어려운 점이 뭐예요?

Ⅱ. 사진과 관계있는 단어를 연결하십시오.

1. 	•	• 강당
2. 	•	• 강의실
3. 	•	• 상담실
4. 	•	• 학생회관

들읍시다

011 ~ 014

Ⅰ. 학생들이 학교에서 이야기하고 있습니다.
대화를 듣고 맞는 것에 ⬭ 하십시오.

1. ① 여자는 동아리에 가입했다. / 가입하지 않았다.
   ② 두 사람은 학생회관 / 강의실에 갈 것이다.

2. ① 오늘은 수업 첫날 / 마지막날이다.
   ② 요시다 씨는 한국에 있을 것이다. / 고향에 돌아갈 것이다.

3. ① 두 사람은 우선 도서관 / 학생회관에서 만날 것이다.
   ② 두 사람은 책을 읽을 것이다. / 시험공부를 할 것이다.

4. ① 남자는 캐나다에 한 달 / 1년 살다가 왔다.
   ② 남자는 김 동기 교수님 강의를 처음 듣는다. / 들은 적이 있다.

015～017

Ⅱ. 학생들이 고민을 이야기하고 있습니다.

여러분은 이 학생에게 어떻게 하라고 하겠습니까? 듣고 연결하십시오.

1. •　　　　　　• "상담실에 가세요."

2. •　　　　　　• "아르바이트를 하세요."

3. •　　　　　　• "동아리에 가입하세요."

다시 듣고 이 학생이 고민하는 이유를 찾아서 번호를 쓰십시오.

1. (　　　　)

① 학교 성적이 나쁘다.

② 친구를 사귀기가 어렵다.

③ 모든 일이 생각처럼 되지 않는다.

2. (　　　　)

① 빨리 결혼하고 싶다.

② 어느 회사에 갈지 모르겠다.

③ 졸업 후 할 일을 결정하지 못했다.

3. (　　　　)

① 학교가 멀다.

② 등록금이 오른다.

③ 학교 공부가 재미없다.

018 ~ 020

Ⅲ. 다음을 듣고 질문에 답하십시오.

1.

1) 무엇에 대한 안내입니까? (　　　)

① 시험　　② 숙제　　③ 수업 시간

2) 학생들은 내일까지 무엇을 해야 합니까? (　　　)

① 새 단어로 문장을 2개씩 만들기
② 새 문법으로 문장을 2개씩 만들기
③ 활용연습에 있는 2급 복습 문제 하기

2.

1) 언제 들을 수 있는 안내입니까? (　　　)

① 학기초　　② 학기 중간　　③ 학기말

2) 들은 내용을 쓰십시오.

• 수업 기간 : ____________ 주
• 수업 시간 : _____ 시 _____ 분
~ _____ 시 _____ 분
• 특별활동과목 : ____________
____
____

3.

1) 서당에 대한 설명으로 맞는 것을 모두 골라서 √ 하십시오.

- ☐ 여자아이들도 공부할 수 있었다.
- ☐ 지금의 초등학교와 같은 곳이었다.
- ☐ 나이가 같은 아이들이 함께 공부하는 곳이었다.
- ☐ 공부를 잘 하면 다른 학생보다 책을 빨리 끝낼 수 있었다.
- ☐ 예절도 배울 수 있었다.

2) '책거리' 에 대한 설명으로 맞는 것을 고르십시오. (　　　)

① 아이의 선생님께 책을 선물하는 풍습이다.
② 아이가 새 책을 공부할 때 책을 사 주는 풍습이다.
③ 아이가 책을 다 공부한 후에 음식을 나눠 먹는 풍습이다.

생각해 봅시다

다음 표를 보고 친구와 이야기를 나누십시오.

질문 내용	친구 1	친구 2
학교에서 자주 가는 곳		
학교생활에서 중요한 것		
학교 졸업 후 계획		

3과 이야기하다가 친구가 됐어요

학습 목표 친구 사귀기와 성격 묘사에 관련된 어휘와 표현을 듣고 이해할 수 있다.

알아봅시다

Ⅰ. 다음 그림을 보고 질문에 대답하십시오.

1. 어떤 친구를 사귀고 싶어요?

2. 여러분의 이상형은 어떤 남자(여자)예요?

Ⅱ. 〈보기〉에서 알맞은 단어를 골라서 (   ) 안에 쓰십시오.

〈보기〉

깔끔하다 내성적이다 변덕스럽다 이기적이다

1. 제 방 친구는 자기 밖에 모르는 (   )은/ㄴ 사람이에요.

2. 그 사람은 성격이 (   )어서/아서/여서 방에 먼지 하나 없어요.

3. 저는 (   )어서/아서/여서 다른 사람 앞에서 이야기하는 게 부끄러워요.

4. 제 여자 친구는 (   )어서/아서/여서 자꾸 이랬다가 저랬다가 해요.

들읍시다

021 ~ 024

Ⅰ. 사람들이 친구에 대해서 이야기하고 있습니다. 대화를 듣고 내용과 같은 것을 고르십시오.

1. (　　　　)

① 이 사람은 학교 신문에 광고를 냈다.

② 언어교환 친구는 한국말을 잘 못한다.

③ 이 사람은 언어교환 친구와 약속을 하지 못했다.

2. (　　　　)

① 이 사람이 먼저 이야기를 시작했다.

② 이 사람과 친구는 같은 수업을 듣는다.

③ 이 사람은 음악 시간에 친구를 사귀었다.

3. (　　　　)

① 선배가 남자를 소개해 줬다.

② 후배는 소개받은 남자를 다시 만나지 않을 것이다.

③ 후배는 소개 받은 남자가 유머감각이 있다고 생각한다.

4. (　　　　)

① 동아리에는 아직 친한 사람이 없다.

② 성격을 고치고 싶어서 연극 동아리에 들어갔다.

③ 동아리 친구들과 학교 앞에서 만나서 술을 마시러 갔다.

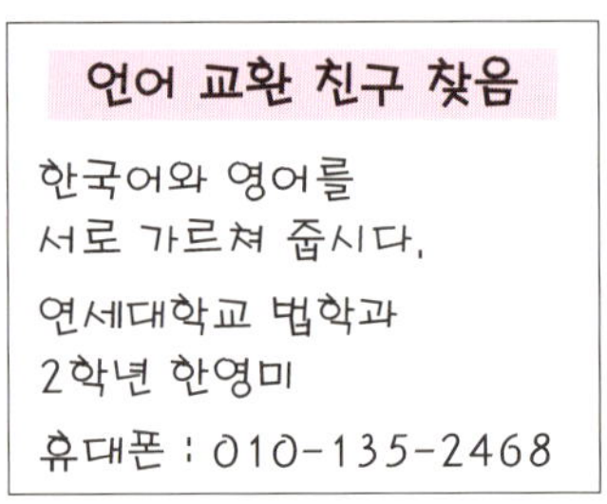

🔊 025~027

Ⅱ. 사람들이 친구에 대해서 이야기하고 있습니다.

듣고 성격을 나타내는 단어를 쓰십시오. 그리고 누구의 성격인지 √ 하십시오.

1. 성격 : ____________

   나 □

   방 친구 □

2. 성격 : ____________

   나 □

   여자 친구 □

3. 성격 : ____________

   나 □

   유미 □

다시 듣고 내용과 같으면 ○, 다르면 X 하십시오.

1. ① 이 사람과 방 친구의 성격이 비슷하다. (　　)

   ② 방 친구는 이 사람의 물건을 마음대로 쓴다. (　　)

2. ① 이 사람은 여자 친구와 같은 학년이다. (　　)

   ② 이 사람은 여자 친구에 대한 생각이 변했다. (　　)

3. ① 유미는 등산을 가고 싶지 않다고 했다. (　　)

   ② 이 사람은 유미를 좋은 친구라고 생각하지 않는다. (　　)

028 ~ 030

Ⅲ. 다음을 듣고 질문에 답하십시오.

1.

1) 이 동아리의 목적은 무엇입니까? (　　)

① 등산　　② 언어교환　　③ 친구 사귀기

2) 듣고 알 수 없는 것을 고르십시오. (　　)

① 회원 수
② 모이는 시간
③ 회원들의 국적

2.

1) 무엇에 대한 이야기입니까? (　　)

① 한국인의 이상형은 어떤 사람인가?
② 한국인은 이상형을 만나면 어떻게 하나?
③ 한국인은 이상형을 어디에서 많이 만나나?

2) 들은 내용과 같은 것을 고르십시오. (　　)

① 이상형에게 말을 걸어서 성공한 여자는 반이 안 된다.
② 남자들은 이상형을 만나면 따라 가는 사람이 제일 많다.
③ 연세 신문사에서 결혼하지 않은 20대 남자들에게 질문했다.

3.

1) 듣고 알 수 있는 것을 모두 골라서 √ 하십시오.

☐ 소개팅 장소　☐ 소개팅 시간　☐ 소개팅의 뜻
☐ 소개팅 예의　☐ 소개팅과 미팅의 차이　☐ 소개팅이 인기 있는 이유

2) 들은 내용과 같은 것을 고르십시오. (　　　)

① 소개해 주는 사람은 옆에 앉아서 계속 도와 줘야 한다.
② 소개받은 사람이 마음에 안 들면 곧 집에 돌아가도 좋다.
③ 소개받은 사람이 마음에 안 들어도 몇 번 만나 보는 게 좋다.

생각해 봅시다

다음 표를 보고 친구와 이야기를 나누십시오.

질문 내용	친구 1	친구 2
제일 친한 친구		
그 친구를 처음 만난 곳		
그 친구의 장단점		

4과 차가 왜 이렇게 밀리지요?

학습 목표 교통수단 이용과 관련된 어휘와 표현을 듣고 이해할 수 있다.

알아봅시다

Ⅰ. 다음 사진을 보고 질문에 대답하십시오.

1. 한국에서 여러분이 자주 이용하는 교통수단이 뭐예요?

2. 교통수단을 이용할 때 한국과 여러분 나라는 뭐가 달라요?

Ⅱ. 〈보기〉에서 알맞은 단어를 골라서 ☐ 안에 쓰십시오.

〈보기〉
충전 단말기 버스전용차선 카드를 대다

들읍시다

031 ~ 034

I. 사람들이 이야기하고 있습니다.
대화를 듣고 이 사람들이 갈 곳을 찾아서 번호를 쓰십시오.

1. (   )

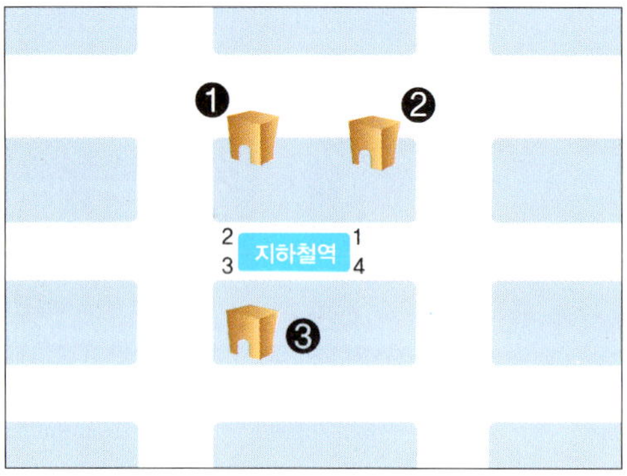

2. (   )

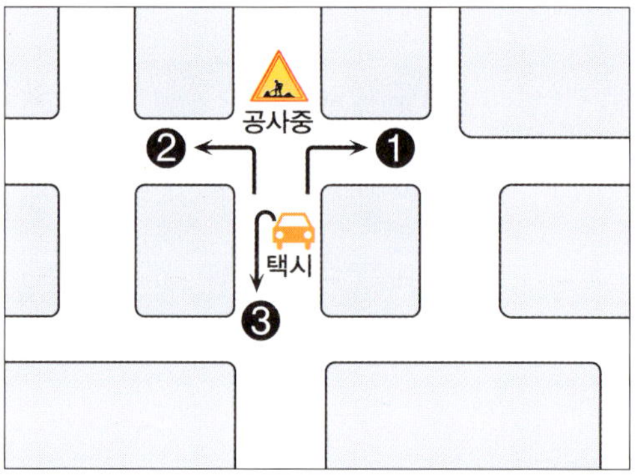

3. (   )

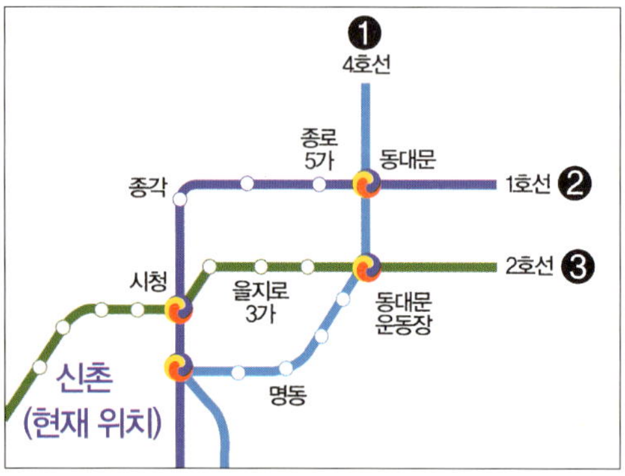

4. (   )

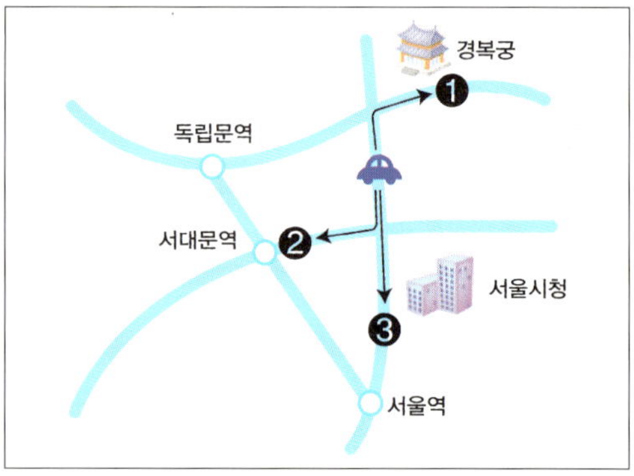

035～037

Ⅱ. 사람들이 교통수단에 대해서 이야기하고 있습니다.

듣고 이 사람이 이용하려는 교통편을 골라서 ⬭ 하십시오.

1.

	----- 버스 ----►	
집	----- 택시 ----►	터미널
	----- 지하철 ----►	

2.

	----- 버스 ----►	
학교	----- 지하철 ----►	라면집
	----- 걸어서 ----►	

3.

	----- 버스 ----►	
집	----- 자가용 ----►	회사
	----- 지하철 ----►	

다시 듣고 내용과 같으면 ○, 다르면 X 하십시오.

1. ① 터미널이 집에서 멀다. (　　　)
   ② 버스를 타고 터미널에 가려면 갈아타야 한다. (　　　)

2. ① 버스를 타고 가려면 갈아타야 한다. (　　　)
   ② 이 사람은 평소에 지하철 타기를 싫어한다. (　　　)

3. ① 이 사람은 돈을 아끼려고 한다. (　　　)
   ② 이 사람은 다음 주부터 몸과 마음이 편해질 거라고 생각한다. (　　　)

038 ~ 040

Ⅲ. 다음을 듣고 질문에 답하십시오.

1.

1) 어디에서 들을 수 있는 안내입니까? (　　　)

① 공항　　② 비행기　　③ 고속버스

2) 이 안내를 듣고 지금 해야 하는 것을 고르십시오. (　　　)

① 불을 꺼야 한다.
② 화장실에 가야 한다.
③ 안전벨트를 매야 한다.

2.

1) 다음 그림 중에서 현재 상황을 나타낸 것을 고르십시오. (　　　)

①

②

③

2) 들은 내용과 다른 것을 고르십시오. (　　　)

① 지금 시간은 오전 7시 40분쯤이다.
② 지금은 다른 길로 해서 가는 게 좋다.
③ 사고는 강남 쪽으로 가는 터널 안에서 일어났다.

3.

1) 듣고 알 수 없는 것을 고르십시오. ( )

① 교통카드를 싸게 사는 방법

② 교통카드를 많이 사용하는 이유

③ 교통카드를 충전할 수 있는 장소

2) 교통카드로 할인을 받을 수 있는 경우를 고르십시오. ( )

① 버스를 탈 때만 단말기에 카드를 댔다.

② 지하철에서 내려서 10분 만에 버스로 갈아탔다.

③ 버스에서 내렸다가 40분 후에 지하절로 갈아탔다.

생각해 봅시다

다음 표를 보고 친구와 이야기를 나누십시오.

질문 내용	친구 1	친구 2
최근에 이용한 교통수단		
그 교통수단의 장점과 단점		
특별한 교통수단		

5과 2번 창구로 오십시오

학습 목표 공공기관 이용과 관련된 어휘와 표현을 듣고 이해할 수 있다.

알아봅시다

Ⅰ. 다음 사진을 보고 질문에 대답하십시오.

1. 여러분은 한국에 있는 공공기관 중에서 어디에 가 봤어요?
2. 그 곳에서 뭘 했어요?

Ⅱ. 다음 장소와 관계있는 단어를 〈보기〉에서 골라서 쓰십시오.

〈보기〉
도난 신고서　　환전 수수료　　외국인 등록증　　현금자동인출기

1. 은행

2. 경찰서

3. 출입국관리사무소

들읍시다

041 ~ 044

Ⅰ. **사람들이 공공기관 이용에 대해서 이야기하고 있습니다.**
대화를 듣고 내용과 같으면 ○, 다르면 X 하십시오.

1. ① 남자는 택배 이용요금이 소포보다 많이 비싸다고 생각한다. ( )
   ② 여자는 택배로 보낼 것이다. ( )

2. ① 전기요금도 현금자동인출기로 내야 한다. ( )
   ② 현금카드는 돈을 찾을 때만 쓴다. ( )

3. ① 여자가 출입국관리사무소에 갔을 때는 항상 사람이 많았다. ( )
   ② 인터넷으로는 방문 날짜만 예약할 수 있다. ( )

4. ① 분실 신고는 전화로도 할 수 있다. ( )
   ② 종이에 분실 내용을 쓴 후에 경찰서에 가서 신고하면 된다. ( )

045~047

Ⅱ. 공공기관에서 일하는 직원들이 이야기하고 있습니다.

듣고 무엇에 대한 안내인지 고르십시오.

1. (　　　　)
   ① 소포를 보내는 방법
   ② 선물을 포장하는 장소
   ③ 소포 상자를 파는 장소
2. (　　　　)
   ① 도장을 만드는 방법
   ② 통장을 정리하는 방법
   ③ 통장을 만들 때 필요한 것
3. (　　　　)
   ① 도난 신고를 하는 장소
   ② 도난을 당하지 않는 방법
   ③ 도난 신고서에 써야 하는 내용

다시 듣고 내용과 같은 것을 고르십시오.

1. (　　　　)
   ① 상자는 무료로 준다.
   ② 받는 사람이 요금을 내도 된다.
   ③ 받는 사람의 주소만 쓰면 된다.
2. (　　　　)
   ① 손님은 돈을 찾으러 왔다.
   ② 여권만 있으면 통장을 만들 수 있다.
   ③ 얼마 전부터 통장 만들기가 까다로워졌다.
3. (　　　　)
   ① 도난 신고는 자세히 말로 설명해야 한다.
   ② 물건은 훔친 사람이 그 물건을 팔 때 찾을 수 있다.
   ③ 신고서에 도난을 당한 물건과 장소를 자세히 써야 한다.

048 ~ 050

Ⅲ. 다음을 듣고 질문에 답하십시오.

1.

1) 무엇에 대한 안내입니까? (　　　)

① 환율이 50% 떨어졌다.
② 외국어 서비스를 시작한다.
③ 환전을 하는 방법이 달라졌다.

2) 들은 내용과 다른 것을 고르십시오. (　　　)

① 이 은행은 명동에 있다.
② 이 은행에는 외국인 손님이 많다.
③ 5월 1일에만 환전을 싸게 할 수 있다.

2.

1) 듣고 알 수 없는 것을 고르십시오. (　　　)

① 외국인 등록증을 만드는 곳
② 외국인 등록증을 다시 만드는 방법
③ 외국인 등록증을 만들 때 필요한 것

2) (　　　) 안에 맞는 말을 쓰십시오.

한국에서 (　　　) 이상 살려고 하는 외국인은 입국 후 (　　　) 안에 외국인 등록증을 만들어야 한다.

3.

1) 우체국 쇼핑의 장점이 아닌 것을 고르십시오. (　　　)

① 값이 싸다.　　② 믿을 수 있다.　　③ 물건을 빨리 받을 수 있다.

2) 듣고 알 수 있는 것을 모두 골라서 √ 하십시오.

- ☐ 우체국 쇼핑이 시작된 때
- ☐ 우체국 쇼핑이 시작된 이유
- ☐ 우체국 쇼핑을 이용하는 방법
- ☐ 우체국 쇼핑을 이용할 때 주의할 점
- ☐ 우체국 쇼핑으로 살 수 있는 것

생각해 봅시다

다음 표를 보고 친구와 이야기를 나누십시오.

질문 내용	친구 1	친구 2
은행(우체국/출입국관리사무소)에서 한 일		
그 때 필요했던 것		
그 때 불편했던 점		

6과 즐거운 여행 되시기 바랍니다

학습 목표 여행과 관련된 어휘와 표현을 듣고 이해할 수 있다.

알아봅시다

Ⅰ. 다음 사진을 보고 질문에 대답하십시오.

1. 어떤 곳으로 여행을 가고 싶어요?

2. 그곳에서 뭘 할 수 있어요?

Ⅱ. 〈보기〉에서 알맞은 단어를 골라서 ☐ 안에 쓰십시오.

〈보기〉 탑승권 세면도구 관광안내서 여행자 수표

1.

2.

3.

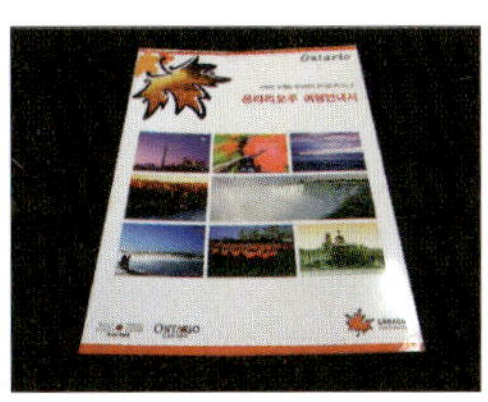

4.

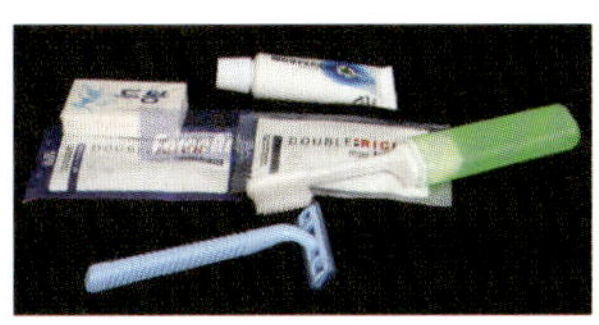

들읍시다

051~054

Ⅰ. 사람들이 여행과 관계있는 이야기를 하고 있습니다.
대화를 듣고 내용과 같으면 ○, 다르면 X 하십시오.

1. ① 이 남자는 나흘 동안 여행할 것이다. (　　　)
   ② 이 남자는 여행 갈 날짜를 미리 정하고 여행사에 갔다. (　　　)

2. ① 이 여자는 빌린 차를 타고 부산에 갈 것이다. (　　　)
   ② 이 여자는 공항 주차비를 내지 않아도 된다. (　　　)

3. ① 이 남자는 창가 자리에 앉을 것이다. (　　　)
   ② 이 남자는 혼자 여행을 떠날 것이다. (　　　)

4. ① 이 여자는 예약하고 호텔에 갔다. (　　　)
   ② 이 여자의 방에서 바다를 볼 수 있다. (　　　)

055 ~ 057

Ⅱ. 사람들이 여행 준비에 대해서 이야기하고 있습니다.

듣고 이 사람이 선택한 것을 고르십시오.

1. (   )

① 
② 
③ 

2. (   )

① 
② 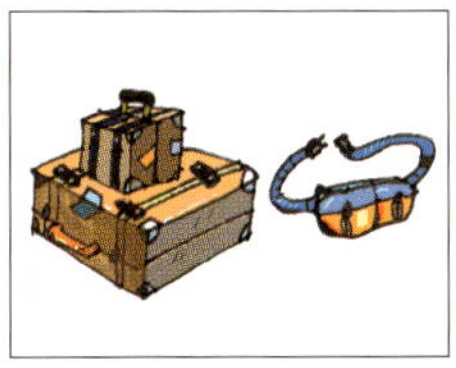
③ 

3. (   )

① 

② 

③ 

다시 듣고 이 사람의 생각을 고르십시오.

1. (   )
   ① 여행 갈 때는 옷이 많이 필요하다.
   ② 여행 갈 때는 짐을 가볍게 하는 것이 좋다.
   ③ 여행 갈 때는 기념품을 많이 사는 것이 좋다.
2. (   )
   ① 허리에 가방을 차고 다니면 위험하다.
   ② 중요한 것은 작은 가방에 넣는 것이 좋다.
   ③ 큰 가방에 작은 가방과 목에 거는 가방을 넣어 가는 것이 좋다.
3. (   )
   ① 관광사무소에서 만든 안내서를 사는 것이 좋다.
   ② 여행지에 가서 관광안내서를 읽어 보는 게 좋다.
   ③ 관광사무소에서 만든 안내서에는 최신 정보가 들어 있다.

058 ~ 060

Ⅲ. 다음을 듣고 질문에 답하십시오.

1.

1) 이야기에 나온 숙박시설을 고르십시오. (　　　)

① 

② 

③ 

2) 이 숙박시설에서 무엇을 할 수 있습니까? (　　　)

① 배를 싸게 빌릴 수 있다.
② 컴퓨터를 이용할 수 있다.
③ 아침을 무료로 먹을 수 있다.

2.

1) 무엇에 대해서 이야기하고 있습니까? (　　　)

① 서울 시티투어버스의 노선
② 서울 시티투어버스의 이용권
③ 서울 시티투어버스의 이용 시간

2) 이야기와 같은 것을 고르십시오. (　　　)

① 이 버스의 1회 이용권은 만 원이다.
② 박물관 입장료 할인은 버스를 이용한 날만 받을 수 있다.
③ 이 버스의 이용권을 미리 사지 않으면 버스를 탈 수 없다.

3.

1) 효도 관광이 무엇입니까? 간단하게 쓰십시오.

2) 듣고 알 수 있는 것을 모두 골라서 √ 하십시오.

- ☐ 효도 관광의 비용
- ☐ 효도 관광을 보내 드리는 때
- ☐ 효도 관광에 필요한 준비물
- ☐ 효도 관광을 가기에 좋은 계절
- ☐ 효도 관광 여행지로 인기 있는 곳

생각해 봅시다

다음 표를 보고 친구와 이야기를 나누십시오.

질문 내용	친구 1	친구 2
여행하고 싶은 곳		
그 곳에 가고 싶은 이유		
같이 가고 싶은 사람		

7과 여러 나라 동전을 수집하고 있어요

학습 목표 취미와 관련된 어휘와 표현을 듣고 이해할 수 있다.

알아봅시다

Ⅰ. 다음 그림을 보고 질문에 대답하십시오.

1. 취미로 해 보고 싶은 게 있어요?
2. 요즘 여러분 나라 사람들에게 인기 있는 취미는 뭐예요?

Ⅱ. 관계있는 단어끼리 연결하십시오.

1. 사진, 비디오 •	• 촬영
2. 피아노, 장구, 가야금 •	• 수집
3.영화, 음악, 미술 작품 •	• 감상
4. 우표, 향수, 열쇠고리 •	• 연주

들읍시다

061～064

Ⅰ. 사람들이 취미에 대해서 이야기하고 있습니다. 대화를 듣고 내용과 같은 것을 고르십시오.

1. (　　　　)
   ① 남자는 야구 하는 것이 취미이다.
   ② 남자는 대학교에 다닐 때 야구 선수였다.
   ③ 남자는 TV로 야구 경기 보는 것을 좋아한다.

2. (　　　　)
   ① 남자는 지금 아파트에 살고 있다.
   ② 남자는 오랜만에 강아지를 기른다.
   ③ 남자는 요즘 취미로 우표를 수집하고 있다.

3. (　　　　)
   ① 여자는 요즘 외국 팝송을 즐겨 듣고 있다.
   ② 남자는 여자가 음악 감상하는 것을 처음 본다.
   ③ 여자는 나이가 많아지면서 조용한 곡을 좋아하게 되었다.

4. (　　　　)
   ① 여자가 남자를 초대했다.
   ② 여자는 요리책을 보면서 요리를 한다.
   ③ 여자는 남자에게 이탈리아 음식을 만들어 줄 것이다.

065 ~ 067

Ⅱ. 사람들이 취미에 대해서 이야기하고 있습니다.

듣고 이 사람이 할 수 있는 것을 고르십시오.

1. (　　　　)

①  ②  ③ 

2. (　　　　)

①  ②  ③ 

3. (　　　　)

①  ②  ③ 

다시 듣고 내용과 같은 것을 고르십시오.

1. (　　　　)

① 여자는 어릴 때는 만들기를 싫어했다.

② 여자는 취미 생활에서 보람을 느끼지 못한다.

③ 여자는 취미 생활 때문에 다른 일을 못할 때가 있다.

2. (　　　　)

① 마술을 잘 배울 수 있는 곳이 많다.

② 남자는 인기를 얻고 싶어서 마술을 시작했다.

③ 남자는 배운 지 한 달밖에 안 돼서 자신 있게 할 수 있는 마술이 없다.

3. (　　　　)

① 여자는 장구가 배우기 쉽다고 생각한다.

② 여자는 서양 악기가 재미없어서 안 배운다.

③ 여자는 언제든지 칠 수 있어서 장구를 배우기 시작했다.

068~070

Ⅲ. 다음을 듣고 질문에 답하십시오.

1.

1) 무엇에 대해서 이야기하고 있습니까? (　　　)

① 사진 전시회를 안내하고 있다.
② 사진 잘 찍는 법을 소개하고 있다.
③ 사진 동호회 회원들을 소개하고 있다.

2) 들은 내용과 같은 것을 고르십시오. (　　　)

① 이 동호회는 5년 전에 만들어졌다.
② 이번에 두 번째 전시회를 열 것이다.
③ 전시회는 10월 18일까지 열릴 것이다.

2.

1) 외국인 특별반은 어떤 사람을 위한 것입니까? (　　　)

① 한국 요리를 가르치고 싶어 하는 외국인
② 한국 요리를 빨리 배우고 싶어 하는 외국인
③ 한국 요리를 적은 비용으로 배우고 싶어 하는 외국인

2) 들은 내용을 쓰십시오.

반	수강료(재료비 포함)	배우는 것
하루반	________ 원	
한 달 완성반	________ 원	

3.

1) 백화점 문화센터가 인기 있는 이유를 쓰십시오.

① ______________________________

② ______________________________

2) 들은 내용과 다른 것을 고르십시오. (　　　)

① 문화센터의 학기는 1년에 네 번 있다.

② 등록할 때는 문화센터를 직접 방문해야 한다.

③ 아이에서 어른까지 모두 문화센터를 이용할 수 있다.

생각해 봅시다

다음 표를 보고 친구와 이야기를 나누십시오.

질문 내용	친구 1	친구 2
취미로 배우고 싶은 것		
배우고 싶은 이유		
배울 수 있는 곳		

8과 인터넷으로 예매하고 극장에 가요

학습 목표 극장을 이용하거나 영화를 선택할 때 필요한 어휘와 표현을 듣고 이해할 수 있다.

알아봅시다

Ⅰ. 다음 사진을 보고 질문에 대답하십시오.

1. 어떤 영화를 즐겨 보세요?
2. 지금까지 본 영화 중에서 제일 재미있었던 영화가 뭐예요?

Ⅱ. 〈보기〉에서 알맞은 단어를 골라서 (   ) 안에 쓰십시오.

〈보기〉 개봉　　상영　　영화제　　주인공

1. 지금 (   )중인 영화 중에서 어느 영화가 제일 재미있어요?
2. 10년 동안 배우 생활을 했지만 (   )에서 한 번도 상을 받지 못했어요.
3. 액션 영화의 싸우는 장면에서 (   )은/는 절대로 죽지 않는다.
4. 그 영화는 1주일 전에 (   )됐는데 관객이 벌써 100만 명이 넘었다.

들읍시다

071 ~ 074

Ⅰ. 극장에서 들을 수 있는 다양한 대화입니다.
대화를 듣고 이 사람의 선택과 관계있는 것을 고르십시오.

1. (　　　　) ①

②

③

2. (　　　　) ①

②

③

3. (　　　　) ①

②

③

4. (　　　　) ①

②

③

075 ~ 077

Ⅱ. 사람들이 어떻게 영화를 고르는지에 대해서 이야기하고 있습니다.

듣고 관계있는 그림을 골라서 (   ) 안에 번호를 쓰십시오.

(   ) (   ) (   )

다시 듣고 이 사람이 영화를 고를 때 중요하게 생각하는 것을 한 단어로 쓰십시오.

1. ____________________

2. ____________________

3. ____________________

078 ~ 080

Ⅲ. 다음을 듣고 질문에 답하십시오.

1.

1) 이 영화는 무슨 영화일까요? ( )

① 공포 영화
② 액션 영화
③ 코미디 영화

2) 이 영화에 대한 정보가 아닌 것을 고르십시오. ( )

① 이 영화는 여름에 개봉한다.
② 이 영화는 섬에 사는 대학생들이 주인공이다.
③ 이 영화의 개봉 첫 날에 주연 배우들을 만날 수 있다.

2.

1) 이 영화를 소개한 사람의 생각을 고르십시오. ( )

① 이 영화는 1편보다 낫다.
② 이 영화는 1편과 비슷하다.
③ 이 영화는 1편보다 재미없다.

2) 이 영화에 대한 설명으로 맞는 것을 고르십시오. ( )

① 영화의 주인공은 1편과 다르다.
② 영화의 1편은 2년 전에 개봉됐다.
③ 이번 영화에서 주인공의 동생이 사라졌다.

3.

1) 듣고 알 수 있는 것을 모두 골라서 √ 하십시오.

- ☐ 영화제의 역사
- ☐ 영화제가 열리는 장소
- ☐ 영화제의 입장료
- ☐ 영화제에 참가하는 나라 이름
- ☐ 영화제가 열리는 때

2) 세계 여러 나라 사람들이 부산국제영화제를 찾는 이유는 무엇입니까? (　　　　)

① 좋은 아시아 영화들을 볼 수 있기 때문에
② 인기가 많은 한국 영화를 볼 수 있기 때문에
③ 세계적으로 유명한 감독과 배우들을 볼 수 있기 때문에

생각해 봅시다

다음 표를 보고 친구와 이야기를 나누십시오.

질문 내용	친구 1	친구 2
좋아하는 배우		
영화 보는 장소		
영화를 선택하는 기준		

9과 저는 찜질방에 자주 가요

학습 목표 여가 생활과 관련된 어휘와 표현을 듣고 이해할 수 있다.

알아봅시다

Ⅰ. 다음 사진을 보고 질문에 대답하십시오.

1. 시간이 있을 때 자주 가는 곳이 어디예요?
2. 한국에서만 볼 수 있는 재미있는 곳이 있어요?

Ⅱ. 다음 그림과 관계있는 단어를 연결하십시오.

1. 	•	• 신나다
2. 	•	• 답답하다
3. 	•	• 시원하다
4. 	•	• 아슬아슬하다

들읍시다

081 ~ 084

**I. 사람들이 가고 싶은 곳에 대해서 이야기하고 있습니다.
대화를 듣고 내용과 같으면 ○, 다르면 X 하십시오.**

1. ① 여자는 전시회에 대한 정보를 신문에서 읽었다. (　　)
   ② 여자는 아이가 감기에 걸릴 것 같아서 걱정한다. (　　)

2. ① 여자는 날마다 부장님한테서 잔소리를 듣는다. (　　)
   ② 여자는 미리 생각해 놓은 장소에 가려고 한다. (　　)

3. ① 다음 강의는 3시간 후에 있다. (　　)
   ② 여자는 학교 앞에 만화방이 생겼다는 이야기를 들었다. (　　)

4. ① 족욕 카페는 이 부부의 집에서 멀다. (　　)
   ② 남자는 족욕 카페에 가 본 적이 있다. (　　)

085 ~ 087

Ⅱ. 사람들이 자주 이용하는 곳에 대해서 이야기 하고 있습니다.

듣고 이 사람이 왜 그 장소에 가는지 고르십시오.

1. (   )
   ① 잠을 자고 싶어서
   ② 살을 빼고 싶어서
   ③ 피로를 풀고 싶어서

2. (   )
   ① 사진을 찍으려고
   ② 동물들을 보려고
   ③ 스트레스를 풀려고

3. (   )
   ① 쇼핑을 싸게 할 수 있어서
   ② 여러 가지를 할 수 있어서
   ③ 재미있는 영화를 볼 수 있어서

다시 듣고 이 사람이 이용한 순서대로 □ 안에 번호를 쓰십시오.

1.

2.

3.

088~090

Ⅲ. 다음을 듣고 질문에 답하십시오.

1.

1) 손님들이 할 수 없는 것은 무엇입니까? ( )

① 동물들의 재주 보기
② 동물들을 직접 타기
③ 동물들과 사진 찍기

2) 들은 내용과 같은 것을 고르십시오. ( )

① 비가 오면 공연을 볼 수 없다.
② 이 공연에는 동물이 30마리 나온다.
③ 이 공연은 오후 2시 30분부터 시작된다.

2.

1) 이야기의 중심 내용을 고르십시오. ( )

① 노래방의 변화
② 노래방의 문제점
③ 노래방의 이용 방법

2) 요즘 노래방에 다녀온 사람이 하는 말로 맞지 않는 것을 고르십시오. ( )

① "낮에 가니까 값도 싸고 좋던데요."
② "아이스크림도 사 먹을 수 있던데요."
③ "생일파티를 할 수 있어서 너무 좋았어요."

3.

1) 듣고 알 수 있는 것을 모두 골라서 √ 하십시오.

- ☐ 찜질방 이용 요금
- ☐ 찜질방이 있는 곳
- ☐ 찜질방에서 할 수 있는 것
- ☐ 찜질방을 이용할 수 있는 시간
- ☐ 찜질방을 이용할 때 걸리는 시간

2) 들은 내용과 다른 것을 고르십시오. (   )

① 찜질방은 누구든지 이용할 수 있다.
② 찜질방에서 음식을 사 먹을 수 있다.
③ 찜질방에는 아무 옷이나 입고 들어가도 된다.

생각해 봅시다

다음 표를 보고 친구와 이야기를 나누십시오.

질문 내용	친구 1	친구 2
한가할 때 가고 싶은 곳		
그 곳에서 할 수 있는 것		
그 곳을 이용하는 방법		

10과 이쪽에 있는 머리핀은 얼마예요?

학습 목표 쇼핑과 관련된 어휘와 표현을 듣고 이해할 수 있다.

알아봅시다

Ⅰ. 다음 사진을 보고 질문에 대답하십시오.

1. 물건을 살 때 어디를 자주 이용하세요?
2. 그 곳의 장점과 단점이 뭐예요?

Ⅱ. 〈보기〉에서 알맞은 단어를 골라서 (   ) 안에 쓰십시오.

〈보기〉 매장 상가 품절 제조일자

1. 남성복 ( )은/는 몇 층에 있어요?	2. 화장품은 ( )을/를 꼭 확인하고 사야 해요.	3. 용산전자 ( )에는 컴퓨터와 휴대폰을 파는 가게가 많아요.	4. 선풍기 가격이 싸서 그런지 금방 ( ) 됐어요.

들읍시다

091~094

Ⅰ. 사람들이 쇼핑을 하고 있습니다.
대화를 듣고 내용과 같으면 ○, 다르면 X 하십시오.

1. ① 여자는 머리핀을 두 개 사고 싶어 한다. (   )
   ② 남자는 값을 깎아 줄 것이다. (   )

2. ① 남자는 265mm 등산화를 살 것이다. (   )
   ② 물건을 산 후 10일이 지나면 바꿀 수 없다. (   )

3. ① 점원은 여자를 기억하지 못한다. (   )
   ② 여자는 치마 치수가 커서 바꾸려고 한다. (   )

4. ① 배추김치를 사면 깍두기를 싸게 살 수 있다. (   )
   ② 이 회사 김치는 다른 회사 김치에 비해서 비싸다. (   )

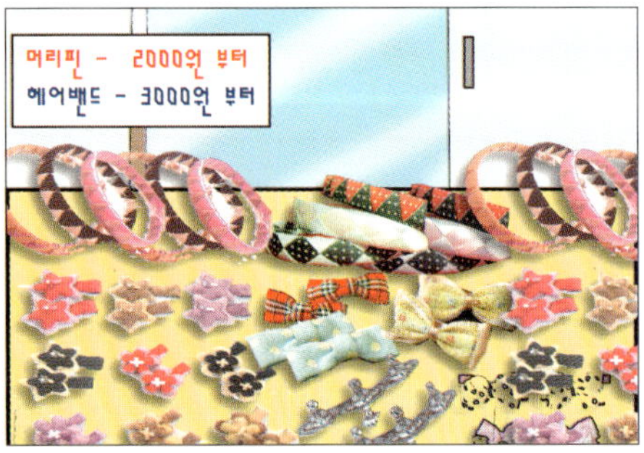

095~097

Ⅱ. 사람들이 쇼핑 장소에 대해서 이야기하고 있습니다.

듣고 이 사람이 좋아하는 쇼핑 장소에 √ 하십시오.
그리고 이 사람이 알려 주는 쇼핑 방법과 연결하십시오.

1. □ 

□ 

2. □ 

□ 

3. □ 

□ 

- "살 물건을 메모해 가지고 가세요."
- "살 물건에 대해서 잘 아는 사람과 같이 가세요."
- "살 물건을 다른 곳에서 직접 보는 게 좋아요."

다시 듣고 이 사람이 좋아하는 쇼핑 장소의 장점을 〈보기〉에서 골라서 번호를 쓰십시오.

1. (　　　)　　2. (　　　)　　3. (　　　)

〈보기〉

① 값이 싸다.　　② 다양한 물건이 있다.

③ 시간을 절약할 수 있다.

098~100

Ⅲ. 다음을 듣고 질문에 답하십시오.

1.

1) 지하 식품 매장에서 할인하는 것이 아닌 것을 고르십시오. (　　　)

①

②

③

2) 들은 내용과 같은 것을 고르십시오. (　　　)

① 지금은 겨울철이다.
② 7층에서는 모든 물건을 50% 이상 세일하고 있다.
③ 해산물을 싸게 사려면 3시까지 매장에 가야 한다.

2.

1) 이야기에서 소개하는 물건을 고르십시오. (　　　)

①
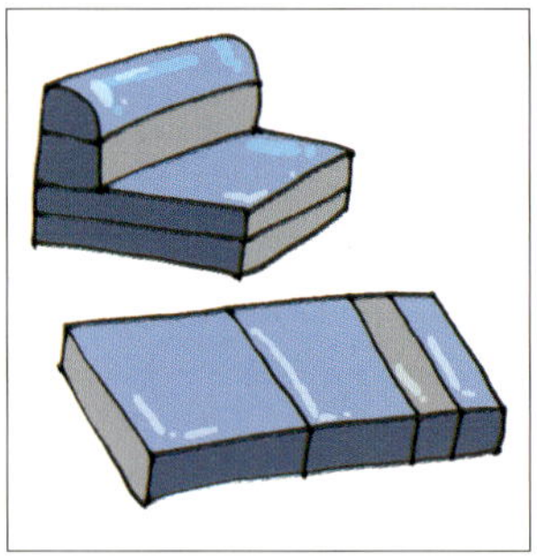

②

③

2) 이 제품에 대한 설명으로 맞지 않는 것을 고르십시오. (　　　)

① 좁은 곳에서 사용하기 좋다.
② 디자인이 예뻐서 인기가 많다.
③ 가장 큰 장점은 튼튼하다는 것이다.

3.

1) 새벽시장에 대한 설명으로 맞는 것을 고르십시오. (　　　)

① 새벽에만 문을 연다.

② 옷가게를 하는 사람만 이용할 수 있다.

③ 옷을 입어보고 살 수 있는 가게도 있다.

2) 새벽시장이 있기 있는 이유를 쓰십시오.

① ______________________________

② ______________________________

생각해 봅시다

다음 표를 보고 친구와 이야기를 나누십시오.

질문 내용	친구 1	친구 2
지금 사고 싶은 것		
한국에서 쇼핑하기 좋은 곳		
고향에서 자주 쇼핑했던 곳		

11과 피부가 좋아질 수 있을까요?

학습 목표 외모와 관련된 어휘와 표현을 듣고 이해할 수 있다.

알아봅시다

Ⅰ. 다음 사진을 보고 질문에 대답하십시오.

1. 외모가 중요하다고 생각하세요?

2. 여러분은 외모를 가꾸기 위해서 어떤 노력을 하세요?

Ⅱ. 〈보기〉에서 반대말을 골라서 ☐ 안에 쓰십시오.

〈보기〉
굵다 거칠다 갸름하다 날씬하다

1. 피부가 곱다 ⟷ ☐
2. 손가락이 가늘다 ⟷ ☐
3. 몸이 뚱뚱하다 ⟷ ☐
4. 얼굴이 넓적하다 ⟷ ☐

들읍시다

101 ~ 104

Ⅰ. 외모를 가꿀 수 있는 곳에서 들을 수 있는 다양한 대화입니다. 대화를 듣고 다음에 이어질 수 있는 말을 고르십시오.

1. (　　　　)

① 6개월 이상은 다니시는 게 좋아요.

② 좋아지려면 과일과 야채를 많이 드셔야 해요.

③ 물론이지요. 노력하면 얼마든지 좋아질 수 있어요.

2. (　　　　)

① 네, 마음에 드실 거예요.

② 글쎄요, 더 짧아 보이실 것 같은데요.

③ 아니요, 손님은 손이 예뻐셔서 그럴 필요 없어요.

3. (　　　　)

① 그럼 파마를 해 볼까요?

② 그럼 한 번 잘라 볼까요?

③ 그럼 오랜만에 길러 볼까요?

4. (　　　　)

① 그래요? 다시 한 번 더 생각해 봐야겠네요.

② 그래요? 그럼 언제 수술을 받을 수 있을까요?

③ 그래요? 비용이 너무 비싸서 안 될 것 같은데요.

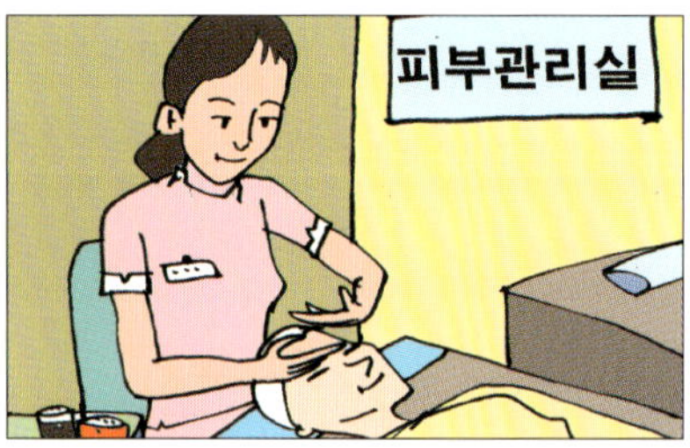

105 ~ 107

Ⅱ. 사람들이 자신의 외모에 대해서 이야기하고 있습니다.

듣고 이 사람의 현재 모습을 고르십시오.

1. (　　　　)

①  ②  ③ 

2. (　　　　)

①  ②  ③ 

3. (　　　　)

①  ②  ③ 

다시 듣고 내용과 같으면 ○, 다르면 X 하십시오.

1. ① 이 사람은 지금 아이가 두 명 있다. (　　　　)
   ② 이 사람에게는 요즘 귀엽고 밝은 느낌의 옷이 잘 어울린다. (　　　　)

2. ① 이 사람은 내성적이어서 다른 사람에게 말을 걸지 못한다. (　　　　)
   ② 이 사람은 취직시험에 붙었다. (　　　　)

3. ① 이 사람은 유명한 사람과 비슷하게 생겼다. (　　　　)
   ② 이 사람의 어머니는 패션모델이 되지 말라고 하신다. (　　　　)

108 ~ 110

Ⅲ. 다음을 듣고 질문에 답하십시오.

1.

1) 이것은 무슨 화장품 광고입니까? (　　　)

①

②
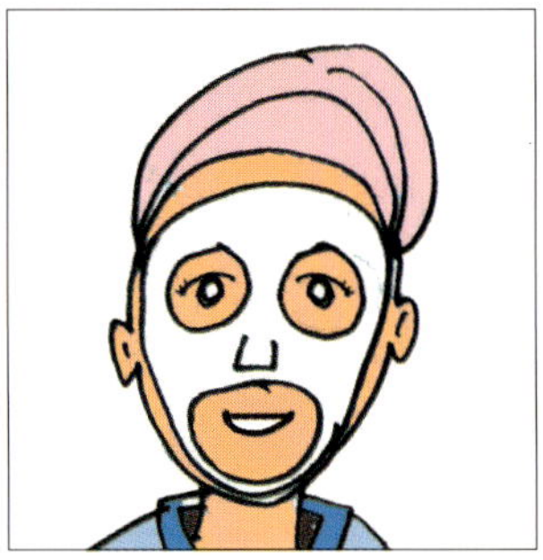

③

2) 내용과 같은 것을 고르십시오. (　　　)

① 이 화장품을 바르면 피부가 하얘진다.
② 이 화장품을 바른 후에 물로만 세수해도 잘 지워진다.
③ 이 화장품은 봄, 여름, 가을, 겨울에 다 사용할 수 있다.

2.

1) 이 패션쇼가 열린 목적은 무엇입니까? (　　　)

① 외모에 대한 생각을 바꾸기 위해서
② 새로 모델이 된 사람을 소개하기 위해서
③ 몸이 큰 사람이 입을 수 있는 옷을 소개하기 위해서

2) 내용과 다른 것을 고르십시오. (　　　)

① 이 패션쇼는 이번이 두 번째이다.
② 이 패션쇼의 모델들은 키가 크고 날씬하다.
③ 이 패션쇼의 모델들은 직업 모델이 아니다.

3.

1) 무엇에 대한 이야기인지 고르십시오. (　　　)

① 미인에 대한 생각은 변한다.

② 외모보다 마음이 더 중요하다.

③ 조선시대 미인이 최고의 미인이다.

2) 조선시대 미인의 조건으로 맞는 것을 모두 골라서 √ 하십시오.

☐ 쌍꺼풀 있는 눈　　☐ 작은 귀

☐ 좁고 긴 코　　☐ 작은 입술

☐ 둥근 얼굴

생각해 봅시다

다음 표를 보고 친구와 이야기를 나누십시오.

질문 내용	친구 1	친구 2
외모에서 자신 없는 곳		
자신 없는 이유		
성형수술에 대한 생각		

12과 TV로 영어 강의를 들어요

학습 목표 TV를 보거나 프로그램을 선택할 때 사용되는 어휘와 표현을 듣고 이해할 수 있다.

알아봅시다

Ⅰ. 다음 사진을 보고 질문에 대답하십시오.

1. 즐겨 보는 TV 프로그램이 뭐예요?

2. 왜 그 프로그램을 좋아해요?

Ⅱ. 〈보기〉에서 알맞은 단어를 골라서 [ ] 안에 쓰십시오.

〈보기〉

시청자 연예인 사회자 출연자

들읍시다

111~114

Ⅰ. TV 프로그램의 대화입니다.

대화를 듣고 무슨 프로그램인지 골라서 □ 안에 번호를 쓰십시오.

KBC	MBS	SBC
6 : 30 □ 패션 일번지	6 : 30 □ 어린이 세상	6 : 00 □ 토크쇼 - 최희선이 만난 사람
7 : 00 □ 올림픽 축구 예선 경기 - 한국 : 일본	8 : 00 □ 오늘의 뉴스	7 : 00 □ 세상에서 제일 쉬운 요리
9 : 00 □ 생방송 - 출발! 인기 가요	9 : 00 □ 특집 드라마 - 안녕! 내 사랑	8 : 30 □ 건강 만세

115 ~ 117

Ⅱ. 사람들이 자기가 좋아하는 TV 프로그램에 대해서 이야기하고 있습니다.

듣고 이 사람이 즐겨 보는 프로그램의 시청자들이 누구일지 고르십시오.

1. ( )
   ① 직장인
   ② 대학생
   ③ 고등학생
2. ( )
   ① 10대
   ② 30대
   ③ 60대
3. ( )
   ① 건강에 관심이 있는 사람
   ② 과학에 관심이 있는 사람
   ③ 연예인에게 관심이 있는 사람

다시 듣고 이 프로그램을 즐겨 보는 이유를 고르십시오.

1. ( )
   ① 돈이 들지 않는다.
   ② 내용이 아주 쉽다.
   ③ 시간을 아낄 수 있다.
2. ( )
   ① 좋아하는 탤런트가 나온다.
   ② 필요한 정보를 얻을 수 있다.
   ③ 요즘 유행하는 노래를 들을 수 있다.
3. ( )
   ① 연예인에 대한 소식을 알 수 있다.
   ② 새로 나온 책에 대해서 알 수 있다.
   ③ 책에서 볼 수 없는 것을 볼 수 있다.

118 ~ 120

Ⅲ. 다음을 듣고 질문에 답하십시오.

1.

1) 무슨 프로그램을 소개하고 있습니까? ( )

① 여행 프로그램
② 퀴즈 프로그램
③ 역사 프로그램

2) 이 프로그램에 출연할 수 없는 팀을 고르십시오. ( )

① 중학생과 선생님
② 하숙집 아줌마와 대학생
③ 초등학생 아들과 아버지

2.

1) 이야기의 중심 내용을 고르십시오. ( )

① TV 보는 시간을 줄이자.
② TV를 보지 말고 책을 읽자.
③ 다른 일을 할 때는 TV를 끄자.

2) 내용과 다른 것을 고르십시오. ( )

① TV를 보면서 쉬는 것도 좋을 것이다.
② TV 때문에 가족과 함께 할 시간이 줄었다.
③ 일주일에 하루 정도는 TV를 보지 않는 것이 좋겠다.

3.

1) 이야기의 제목을 고르십시오. (　　　)

① 한류의 의미
② 중국에서의 한류
③ 한류와 TV 드라마

2) 내용과 다른 것을 고르십시오. (　　　)

① 중국에서 한류라는 말을 처음 사용했다.
② 한국 가수의 콘서트 이후에 한국 문화에 대한 관심이 커졌다.
③ 한국말을 배우려는 사람들이 많아지는 것도 한류라고 할 수 있다.

생각해 봅시다

다음 표를 보고 친구와 이야기를 나누십시오.

질문 내용	친구 1	친구 2
하루에 TV보는 시간		
TV의 장점		
TV의 단점		

13과 저는 평소에 김밥을 즐겨 먹어요

학습 목표 음식과 식당에 관련된 어휘와 표현을 듣고 이해할 수 있다.

알아봅시다

Ⅰ. 다음 사진을 보고 질문에 대답하십시오.

1. 무슨 음식을 즐겨 먹어요?
2. 여러분이 만들 줄 아는 음식이 뭐예요?

Ⅱ. 단어와 관계있는 설명을 연결하십시오.

1.  • • 젓다

2.  • • 뿌리다

3.  • • 부치다

4.  • • 끓이다

들읍시다

121~124

I. 사람들이 음식에 대해서 이야기하고 있습니다.
대화를 듣고 다음에 이어질 상황과 관계있는 그림을 고르십시오.

1. (   )

① 
② 
③ 

2. (   )

① 

② 
③ 

3. (   )

① 
② 
③ 

4. (   )

① 
② 
③ 

125~127

Ⅱ. 사람들이 음식에 대해서 이야기하고 있습니다.

듣고 무엇에 대한 이야기인지 고르십시오.

1. (　　　　)
   ① 유명한 식당 소개
   ② 맛있는 식당 소개
   ③ 분위기가 좋은 식당 소개

2. (　　　　)
   ① 남은 김밥을 맛있게 먹는 방법
   ② 야채 김밥을 맛있게 싸는 방법
   ③ 김밥을 오랫동안 보관하는 방법

3. (　　　　)
   ① 라면을 빨리 끓이는 방법
   ② 라면을 맛있게 끓이는 방법
   ③ 여러 가지 라면을 끓이는 방법

다시 듣고 답을 고르십시오.

1. 이 식당에 처음 가게 된 이유는 무엇입니까? (　　　　)
   ① 값이 싸서
   ② 소문을 듣고
   ③ 매운 걸 좋아해서

2. 이 사람이 김밥을 좋아하는 이유는 무엇입니까? (　　　　)
   ① 값이 싸서
   ② 건강에 좋아서
   ③ 만들기가 쉬워서

3. 이 사람이 라면을 자주 먹는 이유는 무엇입니까? (　　　　)
   ① 맛이 있어서
   ② 다른 요리를 못 해서
   ③ 빨리 먹을 수 있어서

128~130

Ⅲ. 다음을 듣고 질문에 답하십시오.

1.

1) 이 음식은 어떻게 만듭니까? 순서대로 □ 안에 번호를 쓰십시오.

2) 들은 내용과 같은 것을 고르십시오. (　　　)

① 이 음식은 파를 잘게 썰어서 만든다.
② 이 음식은 입맛이 없을 때 먹기 좋다.
③ 이 음식은 해물을 넣어서 만들 수도 있다.

2.

1) 이 음식은 무엇일까요? (　　　)

① 잡채　　② 비빔밥　　③ 볶음밥

2) 12월 31일에 이 음식을 먹는 이유를 쓰십시오.

____

3.

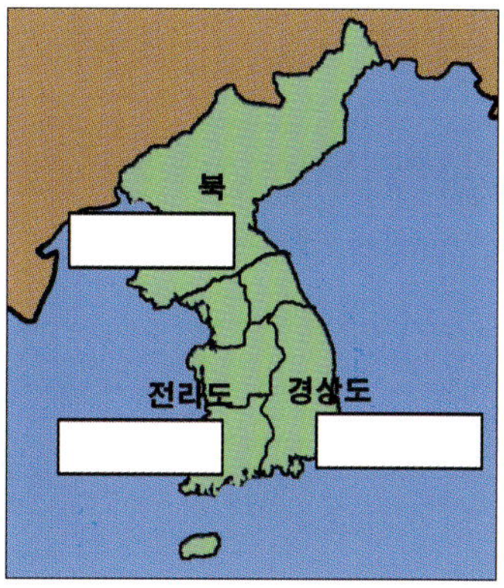

1) 들은 내용과 같은 것을 모두 골라서 √ 하십시오.

- ☐ 고추는 조선시대에 들어 왔다.
- ☐ 고추가 들어오기 전에 한국에는 김치가 없었다.
- ☐ 오이김치는 고춧가루로 만든 최초의 김치이다.
- ☐ 김치는 만든 장소에 따라 180가지의 김치가 있다.
- ☐ 김치냉장고 덕분에 김치를 맛있게 먹을 수 있다.

2) 장소에 따라서 김치 맛이 다릅니다. 위에 있는 지도의 ☐ 안에 맛을 쓰십시오.

생각해 봅시다

다음 표를 보고 친구와 이야기를 나누십시오.

질문 내용	친구 1	친구 2
자주 가는 식당		
그 식당에 자주 가는 이유		
그 식당의 인기 메뉴		

14과 감기에 걸린 적이 거의 없어요

학습 목표 건강과 관련된 어휘와 표현을 듣고 이해할 수 있다.

알아봅시다

Ⅰ. 다음 그림을 보고 질문에 대답하십시오.

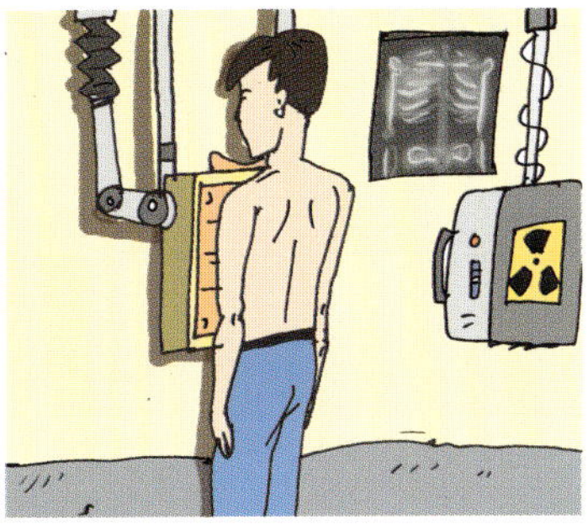

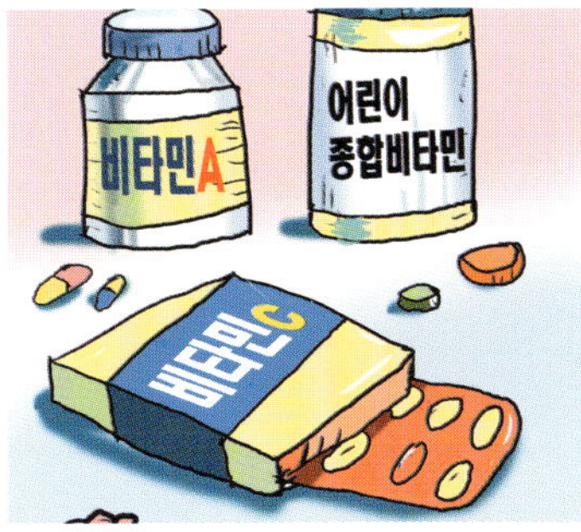

1. 평소에 건강을 위해서 뭘 해요?

2. 병원에서 무슨 검사를 받아 봤어요?

Ⅱ. 〈보기〉에서 알맞은 단어를 골라서 ☐ 안에 쓰십시오.

〈보기〉

검사　　진찰　　치료　　수술

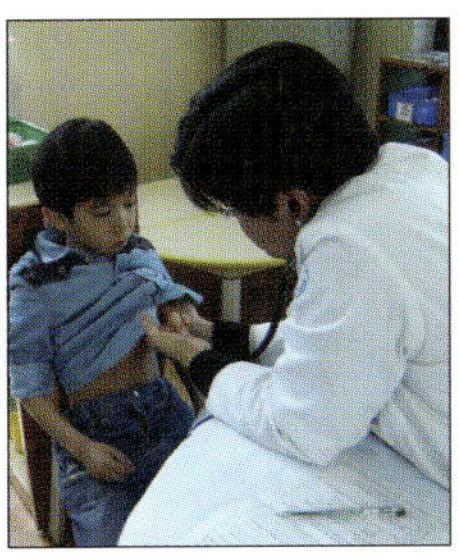

1. ☐

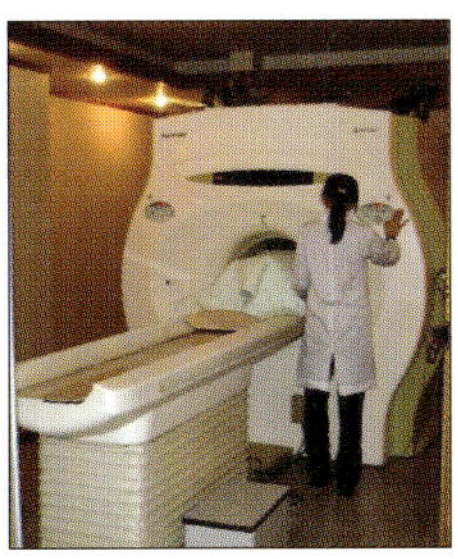

2. ☐

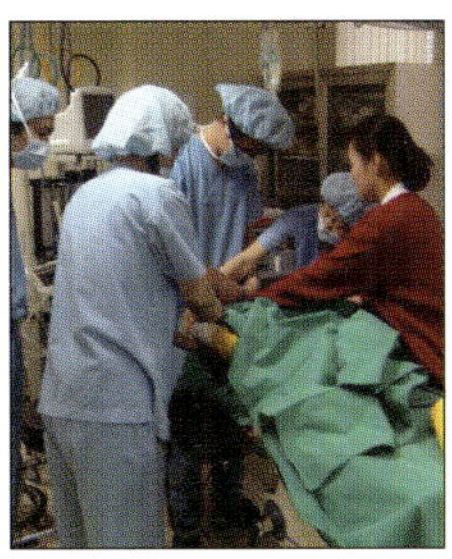

3. ☐

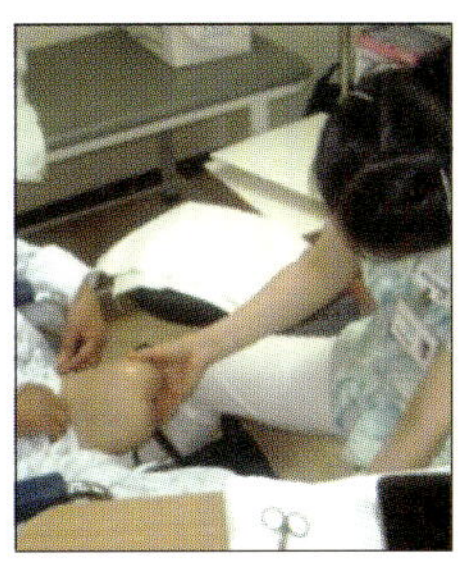

4. ☐

듣읍시다

131~134

**Ⅰ. 사람들이 건강에 대해서 이야기하고 있습니다.
대화를 듣고 다음에 이어질 수 있는 말을 고르십시오.**

1. ( )

① 그럼 머리가 아픈 게 당연하지요.

② 그럼 병원에 가서 진찰을 받아 보는 게 어때요?

③ 그럼 스트레스가 쌓일 텐데 휴가를 내서 좀 쉬어 보세요.

2. ( )

① 네, 눈병 약은 병원 처방전이 있어야 하거든요.

② 네, 눈병 약은 적어도 3일 동안 드셔야 하거든요.

③ 네, 지금은 눈병 약이 없으니까 내일 다시 와 보세요.

3. ( )

① 수술이 잘 끝났으니까 이제는 괜찮아요.

② 수술을 받은 후에는 아무거나 먹어도 돼요.

③ 수술이 잘못 될까 봐 저도 걱정이 많이 돼요.

4. ( )

① 네, 이제 약은 그만 드셔도 됩니다.

② 네, 한 달에 한 번씩만 오시면 돼요.

③ 네, 입원해서 치료를 받으시면 좋아지실 거예요.

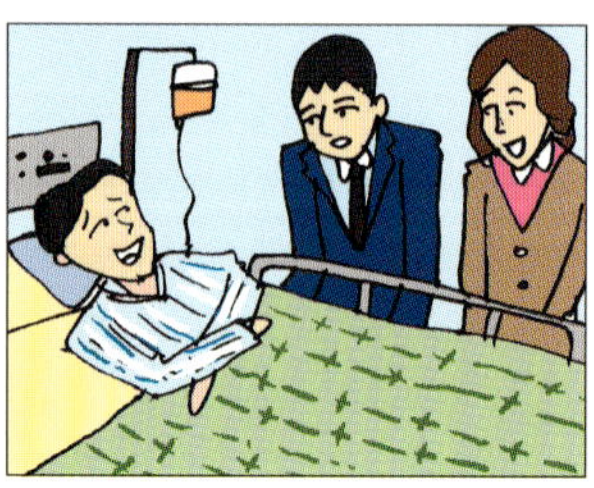

135~137

Ⅱ. 사람들이 건강을 지키는 방법에 대해서 이야기하고 있습니다.

듣고 답을 고르십시오.

1. 이 사람이 요가를 시작한 이유는 무엇입니까? (　　　)
   ① 돈이 많이 들지 않아서
   ② 어디에서나 할 수 있어서
   ③ 다른 운동보다 배우기가 쉬워서

2. 이 사람이 유자차를 마시기 시작한 이유는 무엇입니까? (　　　)
   ① 향기가 좋기 때문에
   ② 몸이 따뜻해지기 때문에
   ③ 비타민 C가 많기 때문에

3. 이 사람이 검은콩을 먹기 시작한 이유는 무엇입니까? (　　　)
   ① 피를 맑게 해 줘서
   ② 돈이 많이 들지 않아서
   ③ 신문에서 좋다고 소개해서

다시 듣고 내용과 같으면 ○, 다르면 X 하십시오.

1. ① 이 사람은 요가가 최고의 운동이라고 생각한다. (　　　)
   ② 이 사람은 아직도 요가 동작이 서투르다. (　　　)

2. ① 이 사람은 유자차를 마신 후에 감기에 걸린 적이 한 번도 없다. (　　　)
   ② 친구들은 이 사람에게 유자차를 많이 마시라고 한다. (　　　)

3. ① 이 사람의 나이는 50대이다. (　　　)
   ② 이 사람은 검은콩으로 볶음밥을 만들어서 먹는다. (　　　)

138~140

Ⅲ. 다음을 듣고 질문에 답하십시오.

1.

1) 이야기의 제목을 고르십시오. (　　　)

① 과일과 야채의 색과 건강

② 좋은 과일과 야채를 고르는 방법

③ 과일과 야채가 건강에 좋은 이유

2) 기침 감기에 걸린 사람에게 좋은 것을 고르십시오. (　　　)

① 
② 
③ 

2.

1) '1 · 2 · 3 운동' 의 장점을 고르십시오. (　　　)

① 쉽게 배울 수 있다.

② 운동 시간이 따로 필요 없다.

③ 다리를 튼튼하게 만들어 준다.

2) '1 · 2 · 3 운동' 에서 1, 2, 3과 관계 있는 것을 연결하십시오.

1 • 　　　　• 계단

2 • 　　　　• 하루에 걷는 거리

3 • 　　　　• 버스나 지하철에서 내리는 곳

3.

1) 내용과 다른 것을 고르십시오. (　　　)

① 한의원에서도 주사를 맞을 수 있다.

② 한의원의 치료방법은 서양식 병원과 다르다.

③ 특별히 아픈 곳이 없어도 한의원을 찾는 사람들이 있다.

2) 간단하게 쓰십시오.

진찰 방법	
치료 방법	

생각해 봅시다

다음 표를 보고 친구와 이야기를 나누십시오.

질문 내용	친구 1	친구 2
건강에 좋은 음식		
건강에 나쁜 것		
감기를 예방하는 방법		

15과 여보세요, 거기 119지요?

학습 목표 전화와 관련된 어휘와 표현을 듣고 이해할 수 있다.

알아봅시다

Ⅰ. 다음 그림을 보고 질문에 대답하십시오.

1. 여러분이 주로 사용하는 전화는 무슨 전화예요?

2. 한국말로 전화할 때 제일 어려운 점이 뭐예요?

Ⅱ. 이 사람들에게 필요한 서비스가 무엇일까요? 〈보기〉에서 골라서 [ ] 안에 쓰십시오.

〈보기〉 통화 중 대기 발신자 표시 수신자 부담 전화번호 변경 안내

1. [ ]

2. [ ]

3. [ ]

4. [ ]

15

들읍시다

141~144

Ⅰ. 사람들이 전화로 이야기하고 있습니다.
대화를 듣고 내용과 같으면 ○, 다르면 X 하십시오.

1. ① 남자는 여자에게 바뀐 전화번호를 알려 주지 않았다. (　　)
   ② 남자는 전화번호 변경 안내 서비스를 받지 못했다. (　　)

2. ① 어머니는 아들이 영국에 있다고 생각했다. (　　)
   ② 아들은 전화카드를 잃어버려서 수신자 부담 전화를 이용했다. (　　)

3. ① 남자는 최 선생님께 한국말을 배우고 있다. (　　)
   ② 최 선생님은 지금 학생들을 가르치고 있어서 전화를 못 받는다. (　　)

4. ① 여자는 문이 고장 나서 문을 열 수 없다. (　　)
   ② 아이는 지금 집에서 놀고 있다. (　　)

145~147

Ⅱ. 사람들이 음성메시지 녹음을 했습니다.

음성메시지 내용을 듣고 간단하게 메모하십시오.

1.	2.	3.
전화한 사람 : ________ 용건 : ________ ________	전화한 사람 : ________ 용건 : ________ ________	전화한 사람 : ________ 용건 : ________ ________

다시 듣고 내용과 다른 것을 고르십시오.

1. (   )
   ① 요즘 뉴욕 날씨가 아주 춥다.
   ② 수정이는 뉴욕에서 유학 중이다.
   ③ 어머니는 부탁받은 책을 모두 부치셨다.

2. (   )
   ① 이 사람은 30사이즈를 주문했다.
   ② 이 청바지는 같은 사이즈의 다른 옷보다 크다.
   ③ 이 사람이 사고 싶어 하는 청바지는 인기가 많다.

3. (   )
   ① 표 값은 지금 알 수 없다.
   ② 자리는 앞에서 세 번째 줄 가운데이다.
   ③ 표를 팔려는 사람은 콘서트에 가고 싶어 하지 않는다.

148~150

Ⅲ. 다음을 듣고 질문에 답하십시오.

1.

1) '천리안' 은 무슨 서비스입니까? ( )

① 길 안내 서비스
② 친구 찾기 서비스
③ 교통 상황 안내 서비스

2) '천리안' 서비스에 대한 설명으로 맞는 것을 고르십시오. ( )

① 해외에서도 이용할 수 있다.
② 휴대폰이 없으면 이용할 수 없다.
③ 처음 한 달 이용료는 4,000원이다.

2.

1) '엄지족' 은 무엇입니까? ( )

① 엄지손가락이 큰 사람들
② 휴대폰 통화를 많이 하는 사람들
③ 문자 메시지를 빠른 속도로 보내는 사람들

2) 사람들이 전화 통화보다 문자 메시지 보내는 것을 더 좋아하는 이유를 쓰십시오.

① ____________________

② ____________________

3.

1) 이야기의 중심 내용을 고르십시오. (　　　)

① '여보세요' 라는 말의 의미

② '여보세요' 라고 말하게 된 이유

③ '여보세요' 라고 말해야 하는 경우

2) 들은 내용과 다른 것을 고르십시오. (　　　)

① '여보세요' 는 부르는 말이다.

② '여기 좀 보세요' 와 '여보세요' 는 뜻이 다른 말이다.

③ 옛날에 한국 사람들은 전화기 안에 사람이 있다고 생각했다.

생각해 봅시다

다음 표를 보고 친구와 이야기를 나누십시오.

질문 내용	친구 1	친구 2
자주 통화하는 사람		
그 사람과 나누는 이야기		
휴대폰으로 이용하는 서비스		

16과 결혼하고 싶은 생각이 별로 없어요

학습 목표 가족과 결혼에 관련된 어휘와 표현을 듣고 이해할 수 있다.

알아봅시다

Ⅰ. 다음 그림을 보고 질문에 대답하십시오.

1. 여러분의 가족을 소개하세요.

2. 대가족의 좋은 점과 나쁜 점이 뭐라고 생각하세요?

Ⅱ. 아이의 말과 관계있는 것을 연결하십시오.

1.  "우리 가족은 아빠하고 엄마, 나 이렇게 세 명뿐이에요." • • 대가족

2.  "학교가 끝나고 집에 가면 아무도 없어요. 아빠, 엄마가 일 때문에 모두 늦게 오시거든요." • • 핵가족

3.  "저는 할아버지, 할머니, 아빠, 엄마, 언니, 삼촌하고 같이 살아요." • • 다문화 가정

4.  "우리 아빠는 한국 사람이고 엄마는 러시아 사람이에요." • • 맞벌이 가정

16

들읍시다

151 ~ 154

Ⅰ. **가족들이 이야기하고 있습니다.**
대화를 듣고 사람들이 무엇에 대해서 이야기하고 있는지 고르십시오.

1. (   )
① 집안일
② TV 채널
③ 운동 시간

2. (   )
① 휴가
② 부부 문제
③ 부모님 모시기

3. (   )
① 결혼 준비
② 결혼 후 생활
③ 한국 결혼 풍습

4. (   )
① 제사
② 농담
③ 말실수

155 ~ 157

Ⅱ. 사람들이 결혼 생활에 대해서 이야기하고 있습니다.

듣고 이 사람의 생각을 고르십시오.

1. (   )
   ① 결혼은 반드시 필요한 것이다.
   ② 언젠가는 결혼을 할 수도 있다.
   ③ 결혼을 절대로 하지 않을 것이다.

2. (   )
   ① 직장 일이 가족보다 더 중요하다.
   ② 아이들에게 좋은 아빠가 되고 싶다.
   ③ 아내가 자기를 이해해 주었으면 한다.

3. (   )
   ① 남편에게 좋은 점이 많다.
   ② 남편과 결혼한 것을 후회한다.
   ③ 남편이 부엌일을 하는 게 싫다.

다시 듣고 내용과 같으면 O, 다르면 X 하십시오.

1. ① 이 여자는 출장을 자주 간다. (   )
   ② 이 여자는 취미를 즐길 시간이 없다. (   )

2. ① 이 남자는 술이 좋아서 즐겨 마신다. (   )
   ② 이 남자는 주말에는 아이들과 함께 시간을 보낸다. (   )

3. ① 다시 태어나도 지금의 남편과 결혼하겠다는 주부들이 50%가 넘는다. (   )
   ② 이 여자는 직업이 있다. (   )

158 ~ 160

Ⅲ. 다음을 듣고 질문에 답하십시오.

1.

1) 무엇에 대한 광고입니까? (　　　)

① 아이를 낳자.
② 가족끼리 서로 돕자.
③ 가족에게 사랑을 표현하자.

2) 이 광고를 TV 광고로 만들 때 볼 수 없는 장면을 고르십시오. (　　　)

① 

② 

③ 

2.

1) 오늘부터 방송될 이 프로그램에서 알 수 없는 것은 무엇입니까? (　　　)

① 달라진 가족 모습
② 달라진 가족의 문제점
③ 가족의 모습이 달라진 이유

2) 들은 내용과 같은 것을 고르십시오. (　　　)

① 집안일을 도와주는 남편이 줄고 있다.
② 4쌍 중에서 1쌍은 아내보다 남편의 나이가 많다.
③ 결혼하고 나서 아내의 부모님을 모시고 사는 사람이 10%를 넘는다.

3.

1) 듣고 알 수 있는 것을 모두 골라서 √ 하십시오.

- □ 기러기를 주는 사람
- □ 기러기를 주는 때
- □ 기러기의 모양
- □ 나무 기러기로 바꾼 이유

2) 기러기를 주는 이유는 무엇입니까? (   )

① 아들을 많이 낳기를 바라서

② 부부가 행복하게 살기를 바라서

③ 가족이 건강하게 오래 살기를 바라서

생각해 봅시다

다음 표를 보고 친구와 이야기를 나누십시오.

질문 내용	친구 1	친구 2
결혼의 필요성		
이상적인 배우자		
인기 있는 결혼 선물		

17과 일이 적성에 맞지 않아서 힘들어요

학습 목표 일과 직장에 관련된 어휘와 표현을 듣고 이해할 수 있다.

알아봅시다

Ⅰ. 다음 그림을 보고 질문에 대답하십시오.

1. 앞으로 무슨 일을 하고 싶어요?

2. 요즘 인기 있는 직업이 뭐예요?

Ⅱ. 〈보기〉에서 알맞은 단어를 골라서 (   ) 안에 쓰십시오.

〈보기〉

취직	조건	제출	이력서

학교를 졸업하고 1. (   )을/를 할 때는 우선 일하기가 좋은 직장인지 잘 알아봐야 해요. 일하는 시간은 언제부터 언제까지인지 월급은 얼마나 받을 수 있는지 2. (   )도 잘 생각해 봐야겠지요. 그 곳에서 일하기로 결정한 후에는 자기가 졸업한 학교와 그동안 한 일들을 간단하게 적은 3. (   )을/를 4. (   )해야 해요.

듣읍시다

161 ~ 164

Ⅰ. 사람들이 일에 대해서 이야기하고 있습니다.
대화를 듣고 내용과 다른 것을 고르십시오.

1. (   )
① 남자는 광고를 보고 찾아 왔다.
② 남자는 지금 학교에 다니지 않는다.
③ 남자가 이곳에서 일하게 되면 일요일에도 일해야 한다.

2. (   )
① 남자는 여자의 부하직원이다.
② 남자는 내일까지 계획서를 제출할 수 있다.
③ 남자는 지난번에도 일을 제 시간에 끝내지 못했다.

3. (   )
① 여자는 대기업에서 일하고 싶어한다.
② 여자의 선배들 중에는 이 회사 직원이 있다.
③ 여자는 게임 소프트웨어를 만들고 싶어한다.

4. (   )
① 여자는 아버지의 말씀을 듣기로 했다.
② 여자는 연극배우가 되기로 어렵게 결정했다.
③ 여자는 어린 시절부터 배우가 되고 싶어 했다.

165 ~ 167

Ⅱ. 사람들이 일에 대해서 이야기하고 있습니다.

듣고 이 사람의 생각을 고르십시오.

1. (   )
   ① 큰 회사에 입사해야 한다.
   ② 일에 대한 경험을 쌓아야 한다.
   ③ 외국어를 열심히 공부해야 한다.

2. (   )
   ① 무역회사에는 취직하지 않는 것이 좋다.
   ② 자기 적성에 맞는 직업을 선택해야 한다.
   ③ 취직하기 전에 사람들을 많이 만나 봐야 한다.

3. (   )
   ① 안정적인 전문직이 좋다.
   ② 일보다 건강이 소중하다.
   ③ 의사가 최고의 직업이다.

다시 듣고 이 사람이 위와 같이 생각하게 된 이유를 고르십시오.

1. (   )
   ① 취직한 친구들을 보고
   ② 선배들의 이야기를 듣고
   ③ 직접 회사에서 일해 보고

2. (   )
   ① 대학원에서 공부해 보고
   ② 회사에서 직접 일해 보고
   ③ 회사 사람들을 만나 보고

3. (   )
   ① 부모님 말씀을 듣고
   ② 아이들을 키워 보고
   ③ 병원에 오는 환자들을 보고

168 ~ 170

Ⅲ. 다음을 듣고 질문에 답하십시오.

1.

1) '드림 코리아' 를 이용할 수 <u>없는</u> 사람은 누구입니까? (　　　)

① 취직하려는 대학 졸업생

② 직장을 옮기려는 회사원

③ 아르바이트를 찾으려는 대학생

2) '드림 코리아' 에 대한 설명으로 맞는 것을 고르십시오. (　　　)

① 작은 회사부터 큰 회사까지 모두 소개해 준다.

② 이 회사를 통해서 직장을 구한 사람이 13만 명이다.

③ 영어로 'dream' 만 쳐도 홈페이지를 이용할 수 있다.

2.

1) 이야기 다음에 이어질 수 <u>없는</u> 말을 고르십시오. (　　　)

① 맞춤법을 틀리게 쓰지 않도록 해야 한다.

② 필요 없는 자기 자랑을 쓰지 않도록 해야 한다.

③ 일하고 싶은 회사와 관계없는 경험은 쓰지 않도록 해야 한다.

2) 이력서에 학력을 쓰려고 합니다. 이야기에서 소개한 순서대로 〈보기〉에서 골라서 번호를 쓰십시오.

〈보기〉

① 1997년 2월 서울중학교 졸업

② 2000년 2월 신촌고등학교 졸업

③ 2006년 2월 연세대학교 졸업

이 력 서

이름 : 한준서

주민등록번호 : 811223 – 1××××××

주소 : 서울시 서대문구 성산로 262

학 력

3.

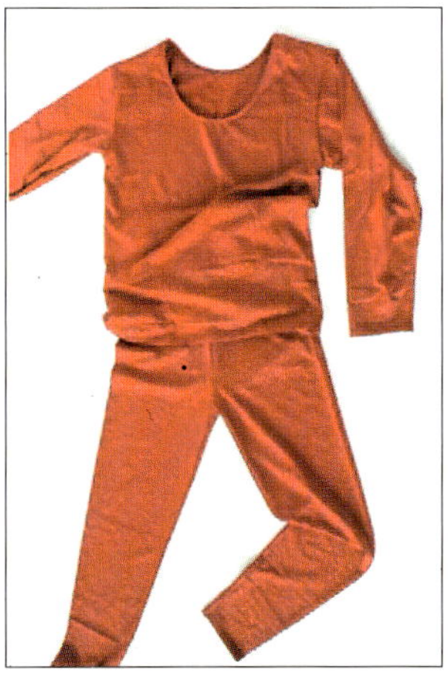

1) 부모님께 언제 빨간 내복을 선물했습니까? ( )

① 날씨가 추워졌을 때
② 취직 시험에 합격했을 때
③ 처음으로 월급을 받았을 때

2) 1960~70년대에 빨간 내복이 선물로 인기 있었던 이유를 고르십시오. ( )

① 디자인이 좋았기 때문에
② 비싸서 쉽게 사 입을 수 없었기 때문에
③ 빨간색이 건강에 좋다는 믿음이 있었기 때문에

생각해 봅시다

다음 표를 보고 친구와 이야기를 나누십시오.

질문 내용	친구 1	친구 2
직업을 선택할 때 중요한 조건		
그 이유		
미래에 사라질 것 같은 직업		

18과 오늘 2차는 어디로 갈까요?

학습 목표 여러 가지 모임과 관련된 어휘와 표현을 듣고 이해할 수 있다.

알아봅시다

Ⅰ. 다음 그림을 보고 질문에 대답하십시오.

1. 여러분이 자주 참석하는 모임이 뭐예요?
2. 그 모임은 보통 어디에서 해요?

Ⅱ. 단어와 관계있는 것을 연결하십시오.

1. 회식 •	• 초등학교, 중학교, 고등학교, 대학교 친구
2. 동창회 •	• 직장 동료, 상사, 부하 직원
3. 환영회 •	• 군대에 가는 친구, 고향에 돌아가는 친구
4. 송별회 •	• 신입생, 신입사원

들읍시다

171~174

Ⅰ. 사람들이 모임에 대해서 이야기하고 있습니다.
대화를 듣고 다음에 이어질 상황과 관계있는 그림을 고르십시오.

1. (　　　　)

①

②

③

2. (　　　　)

①

②

③

3. (　　　　)

①

②

③

4. (　　　　)

①

②

③

175 ~ 177

Ⅱ. 사람들이 모임에 대해서 이야기하고 있습니다.

듣고 이 사람의 이야기 다음에 이어질 수 있는 말을 고르십시오.

1. (　　　　)

① 어제는 밤 12시가 넘어서 모임이 끝났기 때문이에요.

② 어제 모임에서 술을 너무 많이 마셔서 필름이 끊겼기 때문이에요.

③ 어제 모임은 술보다는 이야기가 중심이 된 모임이었기 때문이에요.

2. (　　　　)

① 파티에서 음악도 듣고 춤도 춥니다.

② 파티에서 맛있는 음식들을 많이 맛볼 수 있습니다.

③ 파티에서 새로운 친구들을 만나서 이야기를 나눕니다.

3. (　　　　)

① 군대에는 제가 아는 사람이 하나도 없으니까요.

② 군대에서는 혼자 지낼 수 있는 시간이 별로 없으니까요.

③ 군대에서도 가끔 휴가를 받아서 집으로 돌아올 수 있으니까요.

다시 듣고 내용과 같은 것을 고르십시오.

1. (　　　　)

① 이 사람은 경제학을 전공하는 학생이다.

② 모임에 가기 전에 기대도 하고 걱정도 했다.

③ 모임에서 같은 과 후배들을 많이 만날 수 있었다.

2. (　　　　)

① 이 사람은 한국 사람과 이야기하는 게 불편하다.

② 이 사람은 파티에서 한국 친구들을 많이 사귀었다.

③ 이 사람은 파티에서 한국 친구와 이야기해 보고 싶었다.

3. (　　　　)

① 이 사람은 주말에 동창들을 만난다.

② 친구들은 이 사람의 건강을 걱정한다.

③ 이 사람은 2주 후에 군대에 갈 것이다.

178 ~ 180

Ⅲ. 다음을 듣고 질문에 답하십시오.

1.

1) 간단하게 쓰십시오.

모이는 시간 : ____________________

모이는 장소 : ____________________

모이는 목적 : ① ____________________

② ____________________

2) 들은 내용과 같은 것을 고르십시오. (　　　)

① 이 모임은 전에도 열린 적이 있다.

② 이 모임에는 20명까지만 참석할 수 있다.

③ 한국에 있는 독일 사람은 누구든지 참석할 수 있다.

2.

1) 이 이야기는 누구에게 도움이 됩니까? (　　　)

① 직장의 연말 모임에 가는 여자

② 같은 과 친구의 생일 파티에 가는 여대생

③ 졸업한 후 10년 만에 열리는 동창회에 가는 주부

2) 디자이너가 추천하는 옷차림과 가장 가까운 그림을 고르십시오. (　　　)

①

②

③

3.

1) '번개모임' 은 언제 합니까? (　　　)

① 인터넷으로 대화할 때마다
② 한 사람이 만나자고 하면 갑자기
③ 미리 만나기로 계획되어 있는 날

2) '번개모임' 이라고 부르는 이유를 쓰십시오.

____

생각해 봅시다

다음 표를 보고 친구와 이야기를 나누십시오.

질문 내용	친구 1	친구 2
제일 좋아하는 모임		
그 모임에서 하는 일		
만들고 싶은 모임		

19과 앞으로는 꼭 두 손으로 드릴게요

학습 목표 한국에서 지켜야 할 예절과 관련된 어휘와 표현을 듣고 이해할 수 있다.

알아봅시다

Ⅰ. 다음 그림을 보고 질문에 대답하십시오.

1. 한국말을 배우면서 알게 된 한국의 예절이 뭐예요?
2. 여러분 나라에서 윗사람에게 지켜야 하는 예절이 있으면 말해 보세요.

Ⅱ. 〈보기〉에서 알맞은 단어를 골라서 (　　　) 안에 쓰십시오.

〈보기〉

없다　　　바르다　　　지키다　　　어긋나다

1. 극장에서 영화를 보고 있을 때 휴대전화를 사용하는 소리가 들리면 화가 나요. 여러 사람이 모이는 곳에서는 반드시 예의를 (　　　)어야/아야/여야 한다고 생각해요.
2. 가끔 친구 집에 초대를 받으면 무슨 선물을 사 가지고 갈지 고민해요. 친구는 괜찮다고 하지만 다른 사람 집에 빈손으로 가는 건 예의에 (　　　)는/은/ㄴ 다고 생각해요.
3. 우리 아파트 3층에 사는 일곱 살짜리 꼬마는 어른들을 볼 때마다 인사를 해요. 어른들은 예의가 (　　　)는/은/ㄴ 그 꼬마를 항상 칭찬해요.
4. 저는 어제 제 친구에게 화를 내고 말았어요. 약속 시간에 30분이나 늦게 오고도 미안하다는 말을 한 마디도 안 했어요. 너무 예의가 (　　　)는/은/ㄴ 거 아니에요?

들읍시다

181 ~ 184

I. 사람들이 한국의 예절에 대해서 이야기하고 있습니다.
대화를 듣고 내용과 같으면 ○, 다르면 X 하십시오.

1. ① 이곳은 남자의 단골 식당이다. (　　)
   ② 아주머니는 남자가 식사 예절을 지키지 않아서 화가 났다. (　　)

2. ① 남자는 고모 앞에서 담배를 피웠다. (　　)
   ② 남자의 아버지는 한국 예절을 모르신다. (　　)

3. ① 여자는 '양보'라는 말의 의미를 모르고 있었다. (　　)
   ② 여자는 자리를 양보하지 않을 것이다. (　　)

4. ① 아이는 할아버지 생신날에 선물을 드렸다. (　　)
   ② 아이는 할아버지께 두 손으로 선물을 드렸다. (　　)

185～187

Ⅱ. 사람들이 예절에 대해서 이야기하고 있습니다.

이야기를 하고 있는 사람은 누구입니까?

1. (　　　　)
   ① 외국인 주부
   ② 외국인 대학생
   ③ 외국인 회사원

2. (　　　　)
   ① 외국인 부장님
   ② 외국인 신입 사원
   ③ 한국인 신입 사원

3. (　　　　)
   ① 외국인 학생
   ② 한국인 학생
   ③ 한국말 선생님

다시 듣고 이 사람의 생각을 고르십시오.

1. (　　　　)
   ① 수업 시간에 지각하면 안 된다.
   ② 한국말 공부를 열심히 해야 한다.
   ③ 수업 시간에 휴대전화를 꺼야 한다.

2. (　　　　)
   ① 한국의 예절은 배우기가 너무 어렵다.
   ② 외국에서는 그 나라의 예절을 지켜야 한다.
   ③ 윗사람 앞에서 술을 많이 마시면 실례이다.

3. (　　　　)
   ① 윗사람에게는 존댓말을 써야 한다.
   ② 부탁할 때 알맞은 표현을 써야 한다.
   ③ 외국어로 말할 때는 실수하기가 쉽다.

188 ~ 190

Ⅲ. 다음을 듣고 질문에 답하십시오.

1.

1) 이 이야기 전에는 무슨 말을 했을까요? ( )

① 설날에는 떡국을 먹는다.

② 어른에게는 두 손으로 물건을 드려야 한다.

③ 아랫사람이 윗사람보다 먼저 수저를 들면 안 된다.

2) 한국 사람들이 개인적인 질문을 하는 이유가 아닌 것을 고르십시오. ( )

① 빨리 친해지고 싶어서

② 그 사람에게 관심이 많아서

③ 반말과 존댓말을 가르쳐 주려고

2.

1) 뉴스의 중심 내용은 무엇입니까? ( )

① 인터넷 댓글을 올릴 때 예절을 지키자.

② 인터넷에 자신의 생각을 댓글로 표현하자.

③ 인터넷에 반대 의견을 댓글로 올리지 말자.

2) 인터넷 댓글의 좋은 점과 나쁜 점을 쓰십시오.

좋은 점	
나쁜 점	

3.

1) 이야기의 제목을 고르십시오. ( )

① 한국의 식사 예절

② 한국의 언어 예절

③ 한국의 인사 예절

2) 들은 내용과 같은 것을 고르십시오. ( )

① '우리' 라는 말은 상대방을 높이는 말이다.

② 자기가 한 일을 자랑하지 않는 것도 예의이다.

③ 처음 만나는 사람이지만 나이가 같으면 존댓말을 안 써도 된다.

생각해 봅시다

다음 표를 보고 친구와 이야기를 나누십시오.

질문 내용	친구 1	친구 2
한국 예절을 몰라서 실수한 경험		
한국과 고향의 비슷한 예절		
한국과 고향의 다른 예절		

20과 세배할 줄 알아요?

학습 목표 한국의 풍습과 관련된 어휘와 표현을 듣고 이해할 수 있다.

알아봅시다

Ⅰ. 다음 그림을 보고 질문에 대답하십시오.

1. 한국의 풍습 중에서 아는 것을 말해 보세요.
2. 여러분 나라의 풍습과 비슷한 것이 있나요?

Ⅱ. 〈보기〉에서 알맞은 단어를 골라서 (　　) 안에 쓰십시오.

〈보기〉
돌　　설날　　칠순　　추석

	1. (　　　)	2. (　　　)	3. (　　　)	4. (　　　)
언제	음력 1월 1일	음력 8월 15일	첫 번째 생일	70세
하는 일	차례, 세배	차례	잔치, 돌잡이	잔치
대표적인 음식	떡국 	송편 	떡(백설기) 	고임 

20 세배할 줄 알아요?

듣읍시다

🔊 191～194

**I. 사람들이 한국 풍습에 대해서 이야기하고 있습니다.
대화를 듣고 알 수 있는 한국 풍습을 고르십시오.**

1. (　　　　)

① 시험 때 미역국을 먹는다.

② 생일에는 미역국을 먹는다.

③ 시험 때 친구들이 한턱낸다.

2. (　　　　)

① 제사는 밤에 지낸다.

② 제사에는 친척들이 모두 참석한다.

③ 제사 음식은 제사가 끝난 후에 먹는다.

3. (　　　　)

① 세배는 설날에 하는 인사다.

② 세배 후에 어른들께 돈을 드린다.

③ 세배하러 갈 때 선물을 사 가지고 간다.

4. (　　　　)

① 장례식장에는 10시 전에 가야 한다.

② 장례식장에는 돈을 준비해 가지고 간다.

③ 장례식은 돌아가시고 나서 나흘 후에 한다.

195 ~ 197

Ⅱ. 사람들이 풍습에 대해서 이야기하고 있습니다.

듣고 이야기의 중심 내용을 고르십시오.

1. (   )

① 명절에는 비싼 선물을 해야 한다.

② 명절 선물로 상품권은 적당하지 않다.

③ 명절 선물에는 마음이 들어 있어야 한다.

2. (   )

① 미국 밸런타인데이 풍습이 더 재미있다.

② 한국과 미국의 밸런타인데이 풍습이 다르다.

③ 밸런타인데이에는 남자도 선물을 준비하는 게 좋다.

3. (   )

① 나이 드신 분들께 효도해야 한다.

② 한국 풍습을 알면 생활하기가 편하다.

③ 한국에서는 노인들 생신 잔치를 크게 한다.

다시 듣고 내용과 같은 것을 고르십시오.

1. (   )

① 이 사람은 작년까지 상품권을 선물했다.

② 이 사람은 직접 만든 선물을 주려고 한다.

③ 요즘은 과자를 명절 선물로 주는 사람이 제일 많다.

2. (   )

① 한국에서는 밸런타인데이에 사탕을 선물한다.

② 미국에서는 밸런타인데이에 초콜릿을 선물해야 한다.

③ 한국에서는 밸런타인데이에 여자가 남자에게 선물한다.

3. (   )

① 친구 할머니는 80세이시다.

② 잔치에 초대받은 손님이 많았다.

③ 이 사람 고향에서도 노인들 생신 잔치를 크게 한다.

198 ~ 200

Ⅲ. 다음을 듣고 질문에 대답하십시오.

1.

1) 들은 내용과 같은 것을 고르십시오. (　　　)

① 집에서 만들어 가지고 온 송편으로 대회를 한다.
② 이 축제에 참가하면 누구나 선물을 받을 수 있다.
③ 이 아파트에 사는 사람이 아니어도 축제에 참가할 수 있다.

2) 민속놀이 축제를 하는 목적을 고르십시오. (　　　)

① 한국 민속놀이를 배우기 위해서
② 아파트 주민들이 친해지도록 하기 위해서
③ 이 아파트를 여러 사람에게 알리기 위해서

2.

1) 듣고 알 수 있는 것을 모두 골라서 √ 하십시오.

☐ 행사에 참가하는 사람
☐ 행사의 참가비
☐ 행사에서 배우는 것
☐ 행사가 열리는 때
☐ 행사에 참가한 사람의 수

2) 이 행사는 무슨 행사인지 고르십시오. (　　　)

① 한국 명절 풍습 배우기
② 한국 전통 요리 배우기
③ 한국 결혼 풍습 배우기

3.

1) 돌잡이에서 사진의 물건이 무엇을 의미하는지 쓰십시오.

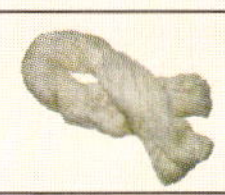	

2) 돌잔치 풍습 중에서 옛날과 달라진 것은 무엇입니까? (　　　)

① 돌잡이 물건

② 돌잡이를 하는 방법

③ 돌잡이를 하는 날짜

생각해 봅시다

다음 표를 보고 친구와 이야기를 나누십시오.

질문 내용	친구 1	친구 2
풍습을 몰라서 실수한 일		
고향의 명절 풍습		
재미있다고 생각하는 한국 풍습		

듣기 지문

1과 독방은 하숙비가 얼마예요?

I 001~004

1

남학생 : 저, 광고 보고 전화 드렸는데요. 아직 방이 있나요?
하숙집 아줌마 : 네, 독방도 있고 둘이 쓸 수 있는 방도 있어요.
남학생 : 독방은 하숙비가 얼마예요?
하숙집 아줌마 : 38만원인데 다른 집보다 아주 싼 거예요.
남학생 : 아, 그래요? 직접 방을 한번 보고 싶은데 거기 위치 좀 자세히 가르쳐 주시겠어요?

2

여학생 : 아저씨, 이 근처에 원룸 나온 거 있어요?
부동산 중개인 : 어디 봅시다. 학교 바로 옆에 원룸이 하나 나와 있네요. 시설도 좋고 새 건물이라서 깨끗해요.
여학생 : 월세는 얼마예요?
부동산 중개인 : 주인이 월세를 좀 싸게 해 주는 대신 보증금은 많이 받아 달라고 했어요.

3

여학생 : 고시원 문 앞에 빈 방이 있다고 쓰여 있던데요. 방 좀 볼 수 있을까요?
고시원 주인 : 네, 따라 오세요. 여기예요.
여학생: 방이 작지만 밝아서 좋네요. 화장실은 어디예요?
고시원 주인: 복도 끝에 있어요. 층마다 하나씩 있어서 불편하진 않을 거예요.
여학생 : 마음에 드는데 언제 들어 올 수 있어요?

4

남학생 : 아파트로 이사하려고 하는데 어디가 좋을까?
여학생 : 아무래도 학교에서 가까운 곳이 좋겠지?
남학생 : 글쎄, 가까운 곳도 좋지만 난 공기가 맑은 곳이 더 좋은데.
여학생 : 그럼, 우리 동네는 어때? 아파트 뒤에 산도 있고 전망도 아주 좋아.
남학생 : 아, 맞아! 내가 왜 그 생각을 못 했지?

II 005~007

지금 어디에 사세요? 여러분의 집을 소개해 주세요.

1

저는 학교 근처에 살아요. 우리 집에는 여러 나라 사람들이 있어서 재미있어요. 저는 아침잠이 많은데도 학교에 지각하지 않아요. 아침마다 아주머니가 깨워 주시거든요. 하지만 우리 집 욕실에는 욕조가 없어서 목욕은 할 수 없어요.

2

저는 학교 안에 사는데 아주 편하지만 문 닫는 시간이 정해져 있어서 가끔 불편할 때도 있어요. 밤 1시가 지나면 문이 닫혀서 들어갈 수 없거든요. 제 방 친구는 일본 사람인데 저처럼 한국말을 공부하고 있어요. 좋은 친구가 있어서 외롭지 않아요.

3

지금 살고 있는 집은 월세도 비싼 데다가 보증금까지 내야 해서 좀 고민하다가 결정했어요. 그런데 며칠 지내보니까 잘 한 것 같아요. 하나의 공간에 부엌과 화장실이 있어서 편하게 살 수 있어요. 제가 좋아하는 요리도 직접 할 수 있으니까 얼마나 좋은지 몰라요.

III 008~010

1

관리실에서 잠시 안내 말씀드리겠습니다. 내일 오전 9시부터 120동 계단 물청소를 하려고 합니다. 주민 여러분께서는 청소하시는 분들을 위해서 계단에 있는 자전거나 상자 등을 모두 치워 주십시오. 그리고 반드시 엘리베이터를 이용해 주시기 바랍니다. 청소는 5시간 정도 걸릴 예정이지만 더 늦어질 수도 있습니다.

2

요즘은 원룸이나 오피스텔에서 살고 싶어 하는 학생들이 많습니다. 원룸은 영어로 '방 하나'란 뜻입니다. 하나의 공간에 침실, 부엌, 화장실이 전부 모여 있습니다. 오피스텔은 영어의 '오피스'와 '호텔'을 합한 말인데 사무실도 되고 집도 됩니다.

그리고 오피스텔 건물은 원룸 건물보다 훨씬 더 높습니다. 같은 동네에서 오피스텔의 월세와 관리비는 보통 원룸보다 더 비쌉니다.

3

여러분은 한옥을 직접 본 적이 있습니까? 서울의 북촌과 남산 한옥마을에 가면 한옥을 구경할 수 있습니다. 한옥은 바람이 잘 통해서 여름에는 시원하게 지낼 수 있습니다. 그리고 겨울에는 온돌 덕분에 따뜻하게 지낼 수 있습니다. 하지만 화장실과 부엌에 가려면 신발을 신고 밖으로 나가야 하니까 불편합니다. 그래서 요즘에는 한옥을 편리하게 고쳐서 삽니다. 한옥에서 살고 싶어 하는 사람들이 점점 늘고 있고 한옥에서 하룻밤을 보내는 체험 프로그램도 인기입니다.

2과 이번에 대학에 입학한 신입생이에요

I 011~014

1

남자 : 넌 무슨 동아리에 가입할 거야?
여자 : 아직 결정하지 못했어. 여기 오는 길에 보니까 학생회관 앞에서 동아리를 소개하는 행사를 하고 있던데.
남자 : 그럼 이따가 같이 가 보지 않을래?
여자 : 그래. 이번 수업이 끝나는 대로 가 보자. 어, 교수님 들어오신다. 쉿!

2

남학생 : 선생님, 그동안 잘 가르쳐 주셔서 감사합니다. 선생님 덕분에 많이 배웠습니다.
선생님 : 요시다 씨도 한 학기 동안 열심히 하셨어요. 그런데 앞으로 뭘 하실 거예요?
남학생 : 고향에서 한국말을 가르치게 되었어요.
선생님 : 그것 참 잘 됐군요. 요시다 씨는 좋은 선생님이 될 거예요.

3

남학생 : 여보세요. 유정이니? 도서관에서 같이 시험 공부하지 않을래?
유정 : 시험 때라서 사람이 많을 텐데. 자리도 없을 것 같고.
남학생 : 지금 가면 자리가 있을 거야. 집에서 하는 것보다 도서관에서 하는 게 좋을 것 같아.
유정 : 그래. 그럼 학생회관 앞에서 만나서 같이 갈까?

4

후배 : 선배, 언제 돌아오셨어요? 캐나다에 1년쯤 계셨지요?
선배 : 응, 돌아온 지 한 달쯤 됐어.
후배 : 이번 학기부터 저희하고 같이 수업을 듣겠네요. 저는 지금 김동기 교수님 강의 들으러 가는데.
선배 : 너도 그 수업 듣니? 난 이번에 처음 신청했는데.
후배 : 저는 지난 학기에도 그 교수님 수업을 들었는데 그 교수님 수업에는 지각하면 큰일 나요. 어서 가요.

II 015~017

학교 생활을 하면서 여러분에게도 고민이 있을 것 같아요. 고민이 있으면 얘기해 보세요.

1

이번에 대학에 입학한 신입생이에요. 저는 대학에서 좋은 추억을 많이 만들고 싶어요. 공부도 중요하지만 지금까지 경험해 보지 못했던 일들을 해 보고 무엇보다 새로운 친구들을 많이 사귀고 싶어요. 그런데 제 성격이 너무 조용해서 생각대로 잘 안 될 것 같아요. 어떻게 하면 친구들을 쉽게 사귈 수 있을까요?

2

한 학기 후에는 졸업을 하게 되는데요. 졸업하자마자 취직을 하는 게 좋을까요? 공부를 더 하는 게 좋을까요? 요즘은 취직이 어렵다고 하니까 걱정이 많이 돼요. 어떨 때는 빨리 결혼이나 할까 하는 생각도 들고요. 누군가 제 고민을 들어 주고 도움이 되는 말을 해 줄 사람이 있으면 좋겠어요.

3

대학에 오면 즐겁기만 할 줄 알았는데 요즘 고민이 하나 생겼어요. 며칠 전에 뉴스를 봤는데 작년에도 오른 등록금이 올해도 또 오른대요. 저는 집이 멀어서 교통비도 꽤 많이 들고 게다가 얼마 전부터는 아버지께서 회사에 못 다니게 되셨어요. 이런 상황에서 제가 계속 학교에 다닐 수 있을까요?

Ⅲ 018~020

1

오늘은 수업 첫날이라서 배운 단어와 문법이 별로 많지 않았지요? 하지만 앞으로는 배우는 단어와 문법이 많아져서 시험 때 모두 공부하려면 아주 힘들 거예요. 그러니까 집에서 복습을 열심히 하고 숙제도 꼭 하세요. 오늘 숙제는 수업시간에 배운 새 단어로 문장을 2개씩 만들어 오는 겁니다. 그리고 한국어학당에서 2급을 공부하지 않은 학생들은 모레까지 활용연습에 있는 2급 복습 문제를 해 가지고 오세요. 모레 마지막 시간에 질문을 받겠습니다.

2

안녕하십니까? 여러분을 진심으로 환영합니다. 여러분은 내일부터 9월 5일까지 6주 동안 한국말과 한국문화를 공부하게 됩니다. 수업은 날마다 9시 30분부터 12시 30분까지 있습니다. 그리고 매주 금요일에는 수업이 끝나고 여러 가지 특별 활동을 하게 됩니다. 특별 활동 시간에는 태권도, 한국 요리, 한국 노래 배우기 중에서 하나를 배울 수 있습니다. 그 시간에는 여러분의 선배들이 한국말이 서투른 여러분을 도와 줄 것입니다. 이 건물 3층에 있는 학생 상담실에도 여러분의 한국 생활을 도와 줄 선생님들과 선배들이 계십니다. 어려운 문제가 생기면 언제든지 찾아오십시오.

3

서당은 지금의 초등학교와 같은 곳으로 옛날에 남자 아이들이 그곳에서 공부했습니다. 같이 공부하는 아이들은 나이도 다르고 배우는 책도 실력에 따라서 달랐습니다. 열심히 공부하는 아이는 다른 아이들보다 책 한 권을 빨리 끝낼 수 있었습니다. 책 한 권을 다 배운 아이의 부모님들은 선생님과 다른 아이들에게 떡과 음식으로 한턱냈습니다. 이것을 '책거리'라고 합니다. 아이가 어려운 책을 끝낸 것을 축하해 주고 그동안 수고하신 선생님께 감사를 드리는 것입니다. 서당 선생님은 아이들에게 예절도 가르쳐 주셨습니다.

3과 이야기하다가 친구가 됐어요

Ⅰ 021~024

1

여학생 : 지난주에 한국어학당 게시판에 언어교환 친구를 찾는 광고를 붙였는데 오늘 연락이 왔어.
남학생 : 어느 나라 사람이야?
여학생 : 호주 여학생인데 한국말을 배운 지 얼마 안 돼서 말이 서툴렀어.
남학생 : 그럼, 만날 약속을 어떻게 했어?
여학생 : 영어로 했지, 뭐.

2

아들 : 학교 다녀왔습니다.
엄마 : 어서 와라. 오늘은 일찍 왔네. 별일 없었니?
아들 : 어머니, 오늘 역사 수업이 있었거든요. 제 옆 자리에 여학생이 한 명 앉았는데 걔가 먼저 말을 걸어서 같이 이야기하다가 금방 친구가 됐어요.
엄마 : 그래? 어떤 학생이니?
아들 : 피아노를 전공하는 학생인데 인상이 참 좋아요.

3

선배 : 내가 소개한 애 어땠어? 정우도 너처럼 내가 정말 좋아하는 후배인데.
후배 : 오빠 말처럼 정말 성실한 사람인 것 같던데요.
선배 : 그렇지? 또, 유머 감각도 있어서 같이 이야기하면 얼마나 재미있는지 몰라. 다시 만나기로 했니?
후배 : 네, 그 친구가 다음 주에 있는 학교 축제에 절 초대했어요.
선배 : 정말? 잘해 봐.

4

여동생 : 오빠가 나 연극 동아리에 들어가면 좋겠다고 했잖아. 내성적인 성격도 좀 바꿀 수 있을 것 같다고.
오빠 : 응, 그랬지.
여동생 : 오늘 동아리 첫 모임이 있었어.
오빠 : 어땠니?
여동생 : 학교 앞에 있는 술집에서 모였거든. 가기 전에는 걱정

을 많이 했는데 직접 만나 보니까 선배들도 모두 좋은 사람들이고 동아리 분위기도 아주 좋았어. 그래서 벌써 여러 사람이랑 친해졌어.

Ⅱ 025~027

여러분은 친구들하고 잘 지내시나요? 가끔 친구들하고 문제가 생길 때도 있지요?

1

저는 기숙사에 사는데 방을 친구하고 같이 써야 해요. 그런데 방 친구 때문에 불편할 때가 많아요. 저는 깔끔한 편이라서 제 물건을 다른 사람이 쓰는 게 정말 싫은데요. 제 방 친구는 저랑 친하다고 생각해서 그런지 제 물건을 마음대로 써요. 무엇보다도 제가 깨끗하게 빨아 놓은 수건을 저한테 물어 보지도 않고 쓸 때는 정말 화가 나요.

2

제가 4학년 때 신입생이었던 지금의 제 여자 친구를 만났어요. 여자 친구를 보자마자 정말 제 이상형이라고 생각했어요. 제 이상형은 똑똑하고 예쁘고 키가 큰 여자였거든요. 만난 지 2년쯤 됐는데요. 사실 그동안 전 너무 힘들었어요. 제 여자 친구는 이기적이어서 뭐든지 자기 마음대로만 하려고 해요. 요즘은 '이런 여자를 계속 만나야 하나?' 하는 생각이 들어요.

3

오늘 유미랑 같이 영화를 보기로 약속했었는데요. 유미가 아침에 갑자기 전화해서 영화 보기가 싫어졌다고 하는 거예요. 그러면서 등산을 가지 않겠냐고 했어요. 저는 그 영화를 꼭 보고 싶었기 때문에 기분이 안 좋았어요. 유미만큼 좋은 친구는 없지만 이랬다 저랬다 하는 변덕스러운 성격 때문에 제가 좀 힘들어요.

Ⅲ 028~030

1

한국 생활이 외로우십니까? 친구가 필요한 분들을 위해서 저희 동아리 '온누리 친구'를 소개합니다. 저희 동아리에서는 한국인과 한국에 살고 있는 외국인들이 서로 친구가 될 수 있습니다. 현재 회원은 한국인 70명과 외국인 40명 정도입니다. 회원들은 매주 금요일 오후 6시에 모여서 자기 나라 말이나 문화를 서로 가르쳐 줍니다. 그리고 셋째 주 일요일에는 가까운 산으로 등산도 갑니다. 저희 동아리에 관심 있는 분들은 연락 주십시오.

2

여러분은 길에서 마음에 드는 이상형을 만나면 어떻게 하시나요? 연세 신문사에서 결혼하지 않은 20대 남녀 500명에게 질문했습니다. 제일 많은 대답으로 남성은 '따라 간다', 여성은 '그 자리에서 말을 건다'가 나왔습니다. 그 다음으로는 남녀 모두 '다른 사람에게 부탁한다'고 대답했습니다. 그런데 그 결과를 보면 여성의 52%는 그 자리에서 성공했다고 대답했지만 남성의 57%는 성공하지 못했다고 대답했습니다.

3

한국에는 소개팅이라는 것이 있습니다. 소개팅은 '소개'와 '미팅'을 합한 말입니다. 미팅은 보통 여러 명의 남자와 여자가 만나서 짝을 정하는 것이지만 소개팅은 한 사람만 소개 받는 것입니다. 보통 분위기가 좋은 카페에서 많이 하는데 소개해 주는 사람은 두 사람만 남기고 곧 돌아갑니다. 그런데 마음에 들지 않는 사람이 파트너로 나와도 금방 자리에서 일어나는 것은 실례입니다. 처음에는 별로 마음에 안 들어도 자꾸 만나 보면 좋아지는 사람이 있습니다. 그러니까 상대방을 잘 알기 위해서는 두세 번 만나보는 것이 좋습니다.

4과 차가 왜 이렇게 밀리지요?

Ⅰ 031~034

1

여자 : 여보세요. 민석이니? 너 왜 안 와?
민석 : 지금 어디야? 난 아까부터 와서 기다리고 있는데.
여자 : 무슨 말이야? 나도 지금 커피숍에 있는데. 너 혹시 다른 데 있는 거 아니야?
민석 : 네가 지하철 ①번 출구로 나와서 가다가 모퉁이를 돌면

보이는 커피숍이라고 했잖아.

여자 : 내가 지하철 ①번 출구라고 했다고? 아니야. ②번 출구라고 했어. 여기로 빨리 와.

2

택시 기사 : 손님, 이쪽 길은 공사 때문에 막아 놓았네요.

손님 : 어머, 그러네요. 어떻게 하죠?

택시 기사 : 여기에서 우회전해서 조금 가면 왼쪽에 골목길이 있어요. 거기로 해서 가거나 왔던 길로 다시 가서 큰 길로 갈 수도 있습니다.

손님 : 알아서 가 주세요.

택시 기사 : 그럼 골목길로 해서 가겠습니다. 신호등이 없어서 더 빠를 겁니다.

3

동생 : 누나, 우리 동대문 시장까지 뭘 타고 갈까?

누나 : 차가 많이 밀릴 테니까 지하철을 타는 게 좋을 것 같은데.

동생 : 몇 호선을 타는지 알아?

누나 : 저기 내 방 책상 위에 지하철 노선표가 있으니까 갖고 와 봐. 음… 2호선을 타고 가다가 시청에서 1호선으로 갈아타도 되고, 아니면 동대문 운동장에서 4호선으로 갈아타도 되겠다.

동생 : 내 생각에는 시청에서 갈아타는 게 더 나을 것 같아.

4

여자 : 3시 기차를 타려면 30분 밖에 안 남았는데 늦겠어요.

남자 : 차가 왜 이렇게 밀리지요? 경복궁 근처는 차가 밀리는 곳이 아닌데.

여자 : 라디오 좀 켜 보세요. 교통방송 좀 들어 봐요.

남자 : 시청 앞에서 교통사고가 났군요. 어쩌지요?

여자 : 내려서 지하철을 타고 갈까요?

남자 : 아니에요. 그러면 시간이 더 걸릴지도 몰라요. 차를 돌려서 서대문역으로 해서 가면 괜찮을 거예요.

Ⅱ 035~037

교통수단 중에서 뭘 자주 이용하는지 얘기해 보세요.

1

저는 이번 주말에 고속버스로 대전에 있는 친척집에 갔다 올 거예요. 저희 집에서 터미널까지 멀지는 않은데 교통이 불편해서 버스나 지하철로 한 번에 갈 수 없어요. 그래서 저는 터미널에 갈 일이 있을 때는 꼭 택시를 집으로 불러서 타고 가요. 택시 회사에 미리 전화해 놓으면 약속시간에 맞춰서 택시를 보내주거든요. 급한 일이 있을 때 이용하면 정말 편리해요.

2

오늘 수업이 끝나고 여자 친구하고 같이 강남에 가기로 했어요. 강남역 근처에 맛있는 라면집이 생겼다고 해서요. 저는 지하철을 타려면 역까지 10분은 걸어가야 하니까 버스를 타고 가자고 했어요. 그런데 제 여자 친구는 버스를 갈아타기가 귀찮다고 지하철을 타자고 했어요. 저는 경치도 볼 수 없고 답답해서 평소에 지하철 타는 걸 싫어하지만 여자 친구에게 싫다고 할 수 없었어요.

3

지금까지는 출근할 때 제 차를 가지고 다녔어요. 그런데 기름값이 많이 들어서 다음 주부터는 대중교통을 이용하려고 해요. 회사까지 가려면 사람이 많은 버스를 타고 가야 해서 몸이 피곤할 것 같아요. 하지만 주차 걱정도 없고 버스 전용차선 덕분에 더 빨리 갈 수 있으니까 마음은 편하겠지요?

Ⅲ 038~040

1

기내에 계시는 승객 여러분께 안내 말씀 드리겠습니다. 지금 기체가 심하게 흔들리고 있으니 승객 여러분께서는 자리에 앉아 안전벨트를 착용해 주시기 바랍니다. 안전벨트 표시등이 꺼질 때까지 자리에서 일어나지 마시고 승무원의 지시에 따라 주시기 바라며 화장실 출입도 삼가 주시기 바랍니다.

2

시내 교통 정보를 알려 드리겠습니다. 남산3호 터널에서 일어난 교통사고로 지금 강남에서 시내로 들어오는 차들이 심하게 밀리고 있습니다. 오늘 아침 7시 10분 경, 남산 3호터널에서 차량 5대가 부딪치는 사고가 있었는데요, 사고가 일어난 지 30분이 지났지만 아직도 치워지지 않은 차가 한 대 있어서 터널 안이 매우 복잡합니다. 평소에 남산 터널을 이용해서 출근하시는 시민들은 다른 길을 이용하시는 게 좋을 것 같습니다.

3

서울에서 버스나 지하철을 이용하는 사람들은 대개 교통카드를 사용합니다. 잔돈을 따로 준비하지 않아도 되고 할인도 받을 수 있기 때문입니다. 현금을 낼 때보다 보통 100원씩 싸고 갈아탈 때는 할인을 많이 받을 수 있습니다. 그런데 주의할 것이 있습니다. 버스나 지하철에서 내린 후 30분 안에 갈아타지 않으면 할인을 받을 수 없습니다. 그리고 버스에서 내릴 때도 탈 때처럼 단말기에 카드를 꼭 대야 할인을 받을 수 있습니다. 다 쓴 교통카드는 버스 정류장 근처의 충전소나 편의점, 지하철역에서 충전할 수 있습니다.

5과 2번 창구로 오십시오

I 041~044

1

여자 : 나 오늘 소포를 부쳐야 해. 소포 상자가 좀 큰데 우체국까지 어떻게 들고 가지?

남자 : 우체국 택배로 보내지 그래?

여자 : 택배? 택배는 집으로 물건을 직접 가지러 오니까 비싸지 않아?

남자 : 아니야. 나도 전에 한 번 이용해 봤는데 소포로 보내는 것 보다 1,000원 정도 밖에 안 비싸던데.

여자 : 그럼 택배로 보내야겠다.

2

여자 : 은행에 가서 전화 요금 내고 올게.

남자 : 세리야, 너 현금카드 가지고 가지?

여자 : 응, 지갑 안에 있는데 왜?

남자 : 요즘은 전화요금이라든가 전기요금 같은 건 카드나 통장을 사용해서 현금자동인출기로 내야 해.

여자 : 난 현금카드는 돈을 찾을 때만 필요한 줄 알았는데. 고마워.

3

여자 : 비자 연장하러 가야 하는데 출입국 관리사무소는 갈 때마다 너무 오래 기다려야 해서 짜증이 나요.

남자 : 인터넷으로 예약하고 가면 되는데요.

여자 : 인터넷으로 예약할 수 있어요?

남자 : 네, 홈페이지를 이용해서 날짜와 시간을 미리 예약해 놓고 가면 기다리지 않아도 돼요.

여자 : 어머, 전 몰랐어요. 지금 빨리 예약해야겠네요.

4

여자 : 아무리 찾아도 외국인 등록증이 안 보이네요. 조금 전까지 분명히 지갑 안에 있었는데.

남자 : 그럼 빨리 경찰서에 분실 신고를 해야지요.

여자 : 어떻게 신고해야 돼요? 경찰서에 전화 좀 해 줄래요?

남자 : 전화로는 안 돼요. 직접 경찰서에 가서 신고서에다가 적어야 해요.

여자 : 같이 가서 좀 도와 주시겠어요?

II 045~047

저, 제가 처음이라서 어떻게 해야 하는지 잘 모르는데 좀 도와 주세요.

1

포장을 안 해 가지고 오셨네요. 저쪽에서 상자를 팔고 있으니까 하나 사서 포장하시고요. 주소를 써서 저에게 갖다 주세요. 소포에는 받는 분하고 보내는 분 주소를 다 쓰셔야 해요. 요금은 직접 내셔도 되고 받으실 분이 내셔도 되는데 어떻게 하시겠어요?

2

손님, 2번 창구로 오십시오. 통장을 만드시려고요? 아, 일본

분이시네요. 지금까지는 여권만 있으면 통장을 만들어 드렸는데요. 얼마 전부터는 다른 신분증도 필요해요. 외국인등록증이 있으세요? 도장이 있으면 같이 주시고요. 그리고 현금자동인출기를 이용하고 싶으시면 말씀해 주세요. 다른 서류가 더 필요하니까요.

3

노트북 컴퓨터를 잃어 버리셨다고요? 도난 신고 하러 오셨군요. 신고서에다가 이름, 주소 등을 쓰세요. 그리고 어느 회사의 어떤 컴퓨터인지, 어디에서 도난당했는지 자세히 써 주십시오. 이렇게 하면 훔친 사람이나 훔친 컴퓨터를 산 사람이 수리를 맡겼을 때 쉽게 찾을 수 있습니다.

Ⅲ 048~050

1

저희 연세은행 명동 지점에서는 5월 1일부터 외국인 전용 창구를 엽니다. 외국인들만 이용할 수 있는 이 창구에서는 영어와 일본어, 중국어로 손님들을 맞을 것입니다. 저희 은행을 찾아 주시는 외국인이 많은데 그동안 언어 문제로 불편해하시는 경우가 자주 있었습니다. 이제부터는 외국인들도 불편 없이 저희 은행을 이용하실 수 있습니다. 특별히 5월 한 달은 환전 수수료를 50% 할인해 드리니 많이 이용해 주십시오.

2

한국에서 3개월 이상 살려고 하는 외국인은 출입국관리사무소에 가서 외국인 등록증을 만들어야 합니다. 한국에 와서 90일 안에는 꼭 만들어야 하는데 필요한 것은 신청서와 여권, 사진 2장과 수수료 만원입니다. 외국인 등록증은 은행에서 돈을 찾거나 보낼 때, 휴대폰을 살 때 등 필요한 경우가 많습니다. 그리고 외국인 등록증이 있으면 병원비를 적게 낼 수 있는 건강보험증도 만들 수 있습니다.

3

여러분 나라의 우체국에서는 어떤 일을 합니까? 한국의 우체국에서는 1986년부터 여러 가지 물건을 주문할 수 있게 되었습니다. 카탈로그를 보고 물건을 주문하면 집으로 배달해 줍니다. 처음에는 우체국에 가서 직접 주문을 해야 했지만 요즘은 전화나 인터넷으로도 주문할 수 있습니다. 우체국 쇼핑 홈페이지를 보면 어느 곳에서 어떤 것이 유명한지 알 수 있습니다. 예를 들면 경기도는 쌀, 충청도는 인삼, 경상도는 사과, 울릉도는 오징어가 유명합니다. 우체국 쇼핑은 물건을 팔고 싶어하는 사람과 사고 싶어하는 사람을 직접 연결해 주니까 값도 싸고 믿을 수 있습니다. 여러분도 한번 이용해 보십시오.

6과 즐거운 여행 되시기 바랍니다

Ⅰ 051~054

1

남자 : 3박 4일로 태국에 여행 가려고 하는데 지금 예약할 수 있습니까?

여행사 직원 : 언제 출발하실 예정입니까?

남자 : 7월 중에는 아무 때나 괜찮아요.

여행사 직원 : 7월 20일에 출발하는 패키지 상품이 있는데 어떠세요?

남자 : 네, 좋습니다. 세 명 예약해 주세요.

2

여자 : 인터넷을 보고 전화 드리는데요. 부산에 가서 차를 좀 쓰고 싶은데 어떻게 하면 돼요?

렌트카 회사 직원 : 렌트비는 차 종류에 따라서 다르니까 차를 먼저 선택해 주세요. 그런데 차는 어디에서 받으시겠어요?

여자 : 공항에서 바로 차를 받을 수 있을까요? 그리고 차는 소형차가 좋겠어요.

렌트카 회사 직원 : 네, 알겠습니다. 부산공항 주차장에서 저희 직원을 만나서 차를 받으세요. 그런데 주차비는 직접 내셔야 합니다.

3

공항 직원 : 탑승권과 여권을 보여 주시겠습니까?

남자 : 네, 여기 있습니다. 될 수 있는 대로 창가 쪽 자리로 주세요.

공항 직원 : 잠깐만 기다리십시오. 네, 창가 쪽으로 드리겠습니

다. 부치실 짐이 있습니까?

남자 : 네, 한 사람에 두 개씩 모두 네 개예요.

공항직원 : 됐습니다. 여기 탑승권이 있습니다. 7시 10분까지 5번 탑승구로 가십시오. 즐거운 여행 되시기 바랍니다.

4

호텔 직원 : 손님, 성함이 어떻게 되십니까?

여자 : 김지민인데요.

호텔 직원 : 확인해 보겠습니다. 네, 예약돼 있네요. 방은 침대방하고 온돌방이 있는데 어느 방으로 하시겠습니까?

여자 : 침대방으로 주세요. 그런데 바다가 보이는 방이 남아 있나요?

호텔 직원 : 잠시만 기다리십시오. 아, 죄송합니다. 주말이라서 벌써 다 찼습니다.

Ⅱ 055~057

여행을 많이 하셨습니까? 여행을 떠나는 사람들에게 도움이 되는 말을 좀 해 주세요.

1

여행할 때 짐이 무거우면 힘들고 짜증나니까 될 수 있는 대로 짐을 줄여야 해요. 특히 옷은 많이 가져 갈 필요가 없는 것 같아요. 기념 티셔츠를 사서 입을 수도 있고 입던 옷을 빨아서 입어도 되니까요. 그래서 저는 여행갈 때 위에 입는 옷은 빨리 마르는 것으로, 바지는 빨지 않아도 되는 어두운 색 바지로 가져가요.

2

저는 여행갈 때 가방을 세 개 가지고 가요. 큰 가방, 작은 가방, 목에 거는 가방에 짐을 나누어서 넣어 가면 편리하거든요. 목에 거는 가방에는 여권, 여행자수표 같이 중요한 것을 넣어서 옷 안에 숨길 수 있어요. 어떤 사람들은 허리에 가방을 차고 다니기도 하는데 그러면 관광객처럼 보여서 더 위험할 것 같아요.

3

저는 해외여행을 가기 전에 관광안내서를 꼼꼼히 읽어 봐요. 여행지에 대한 정보를 미리 알아 놓으면 여행을 더 재미있게 할 수 있거든요. 관광안내서는 각 나라의 관광사무소에서 만든 것을 구해서 봐요. 책은 얇지만 가장 새로운 정보를 얻을 수 있고 무엇보다도 무료라서 좋아요.

Ⅲ 058~060

1

저는 지금 강원도 홍천에 있는 한 펜션에 나와 있습니다. 이곳에서 차로 5분만 가면 아름다운 팔봉산과 비발디파크 스키장이 있어서 등산과 스키를 모두 즐길 수 있습니다. 그리고 펜션 바로 앞에 있는 강에서는 낚시와 수영이 가능합니다. 이 펜션에서는 낚시 도구나 배를 무료로 빌려 드립니다. 또한 모든 손님들께 간단한 아침식사를 제공한다고 합니다. 주말에 이용하려면 한 달 전에는 예약해야 하는데 예약은 인터넷으로만 받는다고 합니다.

2

서울을 찾는 관광객들은 시티투어버스를 이용하면 편리하게 구경을 할 수 있습니다. 이 버스의 1회 이용권은 5,000원이고 1일 이용권은 10,000원입니다. 1일 이용권이 있으면 여러 번 탈 수 있으니까 하루 종일 구경을 하고 싶어 하는 사람들에게 좋습니다. 이용권은 버스를 탄 후에 살 수도 있고 광화문 관광안내소나 몇몇 호텔에서 미리 살 수도 있습니다. 시티투어버스를 탄 날, 박물관이나 미술관에서 버스이용권을 보여주면 입장료를 할인받을 수 있습니다.

3

'효도 관광'이라는 말을 들어보셨습니까? 한국에서는 자식들이 부모님을 여행 보내 드리거나 부모님을 모시고 같이 여행을 떠나는 것을 효도 관광이라고 합니다. 보통 어버이날이나 부모님 생신에 많이 보내 드립니다. 자식들은 부모님의 건강을 생각해서 너무 먼 곳은 피하고, 경치가 아름다운 곳이나 온천을 주로 선택합니다. 그래서 국내 여행지로는 제주도가, 해외 여행지로는 일본의 큐슈나 중국의 장가계가 인기 있습니다.

7과 여러 나라 동전을 수집하고 있어요

I 061~064

1

여자 : 취미가 뭐예요?
남자 : 저는 야구 보는 걸 좋아해요.
여자 : 직접 경기장에 가서 보세요?
남자 : 대학교 때는 경기장에 가서 응원하면서 보는 걸 좋아했어요. 그런데 요즘은 집에서 편하게 누워서 TV로 보는 게 더 좋더군요.

2

여자 : 애완동물을 기르는 게 취미라고 하던데 무슨 동물을 길러요?
남자 : 오랫동안 강아지를 길렀어요. 그런데 사실은 작년에 아파트로 이사 온 후부터 이웃 사람들 때문에 못 길러요.
여자 : 그럼, 지금은 뭘 하세요?
남자 : 세계 여러 나라 동전을 수집하고 있어요.

3

남자 : 노래 듣는 걸 좋아하나 봐요. 볼 때마다 MP3로 음악을 듣고 있네요.
여자 : 네, 음악을 듣고 있으면 기분이 좋아지거든요.
남자 : 주로 무슨 음악을 들어요?
여자 : 옛날에는 외국 팝송을 많이 들었는데 나이가 들수록 가요를 많이 듣게 돼요. 특히 조용한 발라드 곡을 즐겨 듣는답니다.

4

여자 : 내일 우리 집에 올래?
남자 : 왜? 무슨 날인데?
여자 : 아니, 그건 아니고. 지난주에 학원에서 배운 요리가 있는데 한번 만들어 보려고. 먹어 보고 괜찮은지 말해 줘.
남자 : 아직도 요리를 배우러 다니는구나. 요즘도 이탈리아 음식만 만들어?
여자 : 왜, 싫어? 기대해. 내일은 일식이야. 일식도 배워보니까 재미있어.

II 065~067

취미가 뭐예요? 여러분의 취미에 대해서 이야기해 보세요.

1

저는 어릴 때부터 뭐든지 만드는 걸 좋아했어요. 요즘은 직접 가구를 만들어서 집안을 꾸며요. 나무를 자르고 페인트를 칠하는 게 쉽지 않지만 다 만들어진 가구를 보면 얼마나 보람 있는지 몰라요. 그런데 만드는 데 시간이 많이 걸리니까 다른 일들이 자꾸 밀리는 게 문제예요.

2

저는 친구들한테 인기가 없어서 고민하다가 마술을 시작했어요. 처음엔 마술을 잘 가르쳐 주는 곳을 찾기가 어려웠어요. 그러다가 마술 동호회에 들어가서 배운 지 한 달 됐는데 이제 카드 마술은 자신이 있어요. 요즘에는 마술을 보려고 친구들이 제 주위에 많이 모인답니다.

3

저는 전부터 악기를 하나 멋지게 연주하고 싶었어요. 무슨 악기를 배울까 하다가 서양 악기는 배우기 어려울 것 같아서 한국 전통악기를 배우기로 했어요. 여러 가지 악기 중에서 장구가 저한테 제일 잘 맞는 것 같아요. 장구는 배우기도 쉽고 신나게 치고 나면 스트레스도 풀려요. 그런데 마음 놓고 칠 수 있는 장소를 찾기가 어렵고 밤늦게는 칠 수 없어요.

III 068~070

1

회원 여러분, 안녕하십니까? 우리 사진 동호회가 생긴 지 벌써 5년이 되었습니다. 그동안 사진을 사랑하는 사람들이 모여서 서로 가르쳐주고 배우면서 많은 것을 얻었습니다. 그리고 두 번의 전시회를 통해서 우리의 사진 솜씨를 자랑할 기회도 가졌습니다. 올해는 10월 15일부터 일주일동안 종로화랑에서 전시회를 열게 되었습니다. 이번 전시회에는 그동안 찍은 풍경 사진들이 전시됩니다. 주위 분들에게도 많이 알려 주십시오.

2

요즘 한국 음식에 대한 관심이 높아지면서 취미로 한국 요리를 배우려는 외국인이 늘고 있다고 합니다. 저는 그런 분들에게 도움을 드리려고 신촌에 있는 한 요리학원에 나와 있는데요. 이 요리학원에는 외국인 특별반이 있는데 하루반과 한 달 완성반이 있습니다. 하루반에서는 만들고 싶은 요리 한 가지를 골라서 배우고 한 달 완성반에서는 유명한 한국 요리 12가지를 배울 수 있습니다. 모두 짧은 시간 안에 한국 요리를 배울 수 있어서 외국인들에게 인기가 많다고 합니다. 수강료는 재료비를 포함해서 하루반이 2만원이고 한 달 완성반은 16만원입니다.

3

한국 사람들은 취미로 뭔가 배우고 싶을 때 백화점 문화센터를 많이 이용합니다. 학원에 비해서 싸고 다른 곳에서는 배울 수 없는 것을 배울 수 있기 때문입니다. 예를 들면 그림 감상법, 화장품 만들기, 디지털카메라 촬영법과 같은 특별한 수업이 있습니다. 그리고 어른들뿐만 아니라 아이들을 위한 수업도 있어서 온가족이 같은 시간에 다른 수업을 들을 수 있습니다. 보통 문화센터의 학기는 3월, 6월, 9월, 12월에 시작되고 한 학기는 3개월입니다. 등록은 문화센터를 직접 방문해서 하거나 인터넷으로 할 수 있습니다.

8과 인터넷으로 예매하고 극장에 가요

I 071~074

1

여자 : 무슨 영화를 볼까?

남자 : 저 영화는 어때? 어제 내 친구가 봤는데 재미있대.

여자 : 근데 다음 상영시간까지는 1시간이나 남았어.
그리고 난 코미디 영화는 싫은데 다른 영화를 보자.
어, 저건 상을 받은 영화네!

남자 : 아, 저거? 이번에 영화제에서 상 받은 영화잖아.
글쎄, 난 멜로 영화는 싫어하지만 한번 보지 뭐.

2

남자 : 3시 표로 두 장 주세요.

매표소 여직원 : 시작한 지 15분쯤 됐는데 괜찮으시겠어요?

남자 : 네, 괜찮아요. 이 카드로 할인 받을 수 있나요?

매표소 여직원 : 네, 10% 할인됩니다. 좌석은 어디로 해 드릴까요? 지금은 맨 앞줄하고 뒷줄 밖에 없는데요.

남자 : 맨 앞줄에 앉으면 목이 아파서 싫어요.

3

여자 : 저 만화영화는 1관에서도 하고 2관에서도 하네. 뭐가 다르지?

남자 : 1관에서 하는 건 한국말 자막이 나오고 2관에서 하는 건 유명한 한국 배우들이 녹음한 건가 봐. 어느 걸 볼까?

여자 : 글쎄, 고민된다. 넌 뭘 보고 싶어?

남자 : 난 한국말을 듣는 것보다는 읽는 게 더 편해.

여자 : 사실은 나도 그래.

4

여자 : 영화 재미있었지? 내 말 듣고 보길 잘 했지?

남자 : 글쎄, 괜찮기는 했는데 역시 책보다 못한 것 같아.
만화를 재미있게 봐서 기대가 너무 컸나 봐.

여자 : 난 좋았는데… 음악도 좋고 주인공이 싸우는 장면에서는 얼마나 마음이 조마조마했는지 몰라. 책도 한번 보고 싶어. 집에 가는 길에 서점에 들러야겠다.

남자 : 내 책을 빌려 줄 테니까 사지 마.

여자 : 정말? 고마워.

II 075~077

영화를 자주 보세요? 어떻게 영화를 고르는지 얘기해 보세요.

1

저는 영화를 보기 전에 항상 영화 내용부터 봐요. 내용이 안 좋으면 좋아하는 배우가 나와도 안 봐요. 신문이나 인터넷에서도 영화에 대한 정보를 많이 얻을 수 있지만 저는 영화 잡지를 즐겨 봐요. 잡지에는 내용 소개뿐만 아니라 배우들의 사진이나 인터뷰 등 여러 가지 볼거리가 많거든요.

2

저는 영화를 보고 싶을 때 인터넷으로 예매하고 극장에 가요. 인터넷에서는 예매율을 볼 수 있어서 영화를 고를 때 도움이 돼요. 저는 항상 예매율이 제일 높은 영화를 선택해요. 인터넷으로 예매하면 보고 싶은 영화를 원하는 시간에 볼 수 있어서 아주 좋아요.

3

저는 극장에 가서 좋아하는 배우가 나오는 영화가 있으면 무조건 봐요. 지금까지 이렇게 선택해서 실망한 적이 거의 없어요. 영화에서는 배우의 역할이 제일 중요하다고 생각해요. 2시간이라는 짧은 시간에 사람들을 울리고 웃기는 배우의 힘이 정말 대단하지 않아요?

Ⅲ 078~080

1

올 여름, 무더위를 날려버릴 단 한 편의 영화!
'그 섬에서 일어난 일'.
섬으로 여행 간 여섯 명의 대학생, 그들이 하나씩 사라진다.
섬의 비밀을 알게 되는 이들에게 찾아오는 죽음!
당신도 피할 수 없다! '그 섬에서 일어난 일'
7월 3일 대개봉!

개봉 첫날, 주연 배우들의 무대 인사도 기대하십시오!

2

이번에는 경찰들의 우정을 그린 영화 '폴리스 2'를 소개해 드리겠습니다. 재작년 봄에 개봉됐던 1편에서처럼 김민우와 박성준이 주인공인 감동적인 이야기입니다. 2편은 1편에서 사라졌던 김민우의 동생이 돌아오면서 영화가 시작되는데요. 이번 영화에서는 특히 공항에서 싸우는 장면이 볼 만합니다. 보통 2편은 1편만 못하다고 하는데 저는 2편에 더 많은 점수를 주고 싶네요. 앞으로 만들어질 3편도 기대가 됩니다.

3

부산에서는 해마다 10월에 국제영화제가 열립니다. 부산국제영화제는 1996년에 시작되었습니다. 첫해에는 31개 나라, 169편의 영화가 소개되었는데 2007년에는 64개 나라, 271편의 영화로 두 배쯤 늘었습니다. 이 영화제에서는 잘 알려지지 않은 아시아의 영화들을 소개하려고 노력합니다. 그래서 잘 만든 아시아 영화를 찾으려는 사람들이 세계 여러 나라에서 옵니다. 한국 관객들에게도 인기가 많아서 표를 사려면 서둘러야 합니다. 남포동에 있는 여러 극장과 해운대 바닷가에서 영화를 볼 수 있습니다.

9과 저는 찜질방에 자주 가요

Ⅰ 081~084

1

엄마 : 현수야, 박물관에 가자. 신문에서 보니까 지금 볼 만한 전시회를 하던데.
현수 : 아이, 저는 신나게 놀 수 있는 곳에 가고 싶어요. 눈썰매를 타러 가요.
엄마 : 날씨도 춥고 네가 감기에 걸렸잖아. 밖에서 놀면 감기가 더 심해질 거야.
현수 : 엄마는 항상 박물관에만 가자고 하세요. 그럼 오늘은 전시회를 보러 가고 다음 주에는 꼭 눈썰매장에 데려가 주셔야 해요.

2

여자 : 날마다 일도 많고 오늘은 부장님한테 잔소리도 듣고. 아, 스트레스 쌓여. 스트레스를 풀 방법이 없을까요?
남자 : 노래방이 어때요? 큰 소리로 노래를 부르고 나면 기분이 좋아질 거예요.
여자 : 그것도 좋기는 하겠지만… 아, 저기 실내 야구장이 있네요. 우리 저기에 한번 가 봐요. 날아오는 공을 치면 속이 시원해질 것 같아요.
남자 : 그럴까요?

3

여학생 : 다음 강의 시간까지 3시간이나 남았는데 뭘 하지?
남학생 : PC방에 가자. 내가 요즘 하는 게임이 있는데 가르쳐

줄게.

여학생 : 거긴 공기도 나쁘고 답답해서 싫더라. 학교 앞에 만화방이 있던데 거기에 가 보자.

남학생 : 어딘데? 만화를 보는 것도 좋지.

4

부인 : 여보, 인터넷에서 봤는데 요즘 차를 마시면서 책도 볼 수 있는 북 카페가 인기래. 강남에 멋있는 북카페가 있다던데 우리도 가 볼까?

남편 : 거긴 너무 멀잖아. 가까운 곳에 어디 좋은 데가 없을까? 참, 어제 집에 오다가 보니까 사거리에 족욕 카페가 새로 생겼던데…

부인 : 족욕 카페? 그게 뭐야?

남편 : 텔레비전에서 봤는데 따뜻한 물에 발을 담그고 편하게 차도 마실 수 있는 곳이래.

부인 : 그런 데도 있어? 재미있겠다. 지금 가 보자.

Ⅱ 085~087

여러분은 시간이 있을 때 뭘 하세요?

1

저는 찜질방에 자주 가요. 어제도 친구랑 찜질방에서 더운 방과 시원한 방을 왔다 갔다 하면서 시간을 보냈어요. 땀을 많이 흘리니까 목이 말라서 음료수도 마시고, 심심해서 텔레비전도 봤어요. 그러다가 잠자는 방에 가서 잠도 좀 잤지요. 피로를 풀 수 있는 방법으로는 찜질방이 최고인 것 같아요. 왠지 몸이 가벼워지는 느낌도 들고요.

2

저는 시험이 끝나면 스트레스를 풀려고 놀이 공원에 가요. 놀이 공원에서 재미있게 놀려면 계획을 잘 세워야 해요. 그렇게 하지 않으면 여기 저기 헤매다가 고생만 하니까요. 아침에 일찍 가서 동물들을 먼저 보고 놀이 기구를 탈 수 있는 곳으로 가면 좋아요. 놀이 기구가 있는 곳으로 가기 전에 꽃들로 잘 꾸며 놓은 정원을 지나가게 되는데요, 거기서 꽃구경도 하고 사진도 많이 찍어요. 나중에 남는 건 사진뿐이거든요.

3

복합 쇼핑몰에 가면 하루를 즐겁게 보낼 수 있어요. 지난 주말에는 친구랑 아침 일찍 갔어요. 먼저 수영을 하고 나서 영화를 보기로 했어요. 마침 재미있는 영화를 상영하고 있었거든요. 극장으로 올라가다가 잠깐 쇼핑도 했어요. 복합쇼핑몰에는 수영장하고 극장, 가게들이 한 곳에 다 모여 있어서 오고 가는 시간을 줄일 수 있어요. 그래서 저는 이곳을 자주 이용해요.

Ⅲ 088~090

1

하나랜드를 찾아주신 손님 여러분께 잠시 안내 말씀 드리겠습니다. 동물극장에서는 오후 2시부터 30분 동안 동물쇼가 공연됩니다. 새와 원숭이, 호랑이 등 서른 마리 동물들의 아슬아슬한 묘기를 보실 수 있습니다. 손님들께서 무대 위에 올라가서 동물들을 직접 만져보실 수 있는 기회도 있습니다. 쇼가 끝난 후에는 동물들과 함께 사진도 찍을 수 있으니 추억을 만들어 가시기 바랍니다. 공연은 비가 와도 합니다.

2

요즘 노래방이 노래만 부르던 곳에서 분위기와 서비스를 즐기는 곳으로 변하고 있습니다. 방은 더 밝아지고 편안해졌습니다. 바다 속이나 동화에 나오는 집처럼 꾸민 곳도 있습니다. 낮 시간에는 요금을 할인해 주는 곳도 있고, 음료수와 아이스크림을 무료로 주는 곳도 있습니다. 어떤 노래방에서는 생일파티를 하는 손님을 위해서 풍선으로 방을 꾸며 주거나 무료로 노래를 녹음해 주기도 합니다. 이렇게 노래방이 변하는 이유는 손님들이 새로운 것을 좋아하기 때문입니다.

3

한국의 찜질방은 가족이나 친구들과 함께 24시간 즐길 수 있는 곳입니다. 찜질방을 이용하려면 먼저 찜질복으로 갈아입어야 합니다. 찜질방에는 온도가 다른 여러 가지 방이 있는데 한국 사람들은 온도가 높은 방에서 땀을 내면서 시원하다고 합니다. 이곳에는 게임을 할 수 있는 방도 있고 운동 기구가 있는 방도 있어서 온가족이 재미있게 시간을 보낼 수 있습니다. 그리고 사람들은 찜질방 식당에서 파는 시원한 식혜나 따뜻한 미역국을 사 먹습니다. 마지막에는 목욕탕에 들어가서 목욕을 하고 집으로 돌아갑니다.

10과 이쪽에 있는 머리핀은 얼마예요?

I 091~094

1

여자 : 이쪽에 있는 머리핀은 얼마예요?
점원 : 아래에 있는 건 다 7,000원씩이고 위에 있는 건 10,000원씩이에요.
여자 : 예쁜 게 많네요. 이거랑 이거 둘 다 마음에 들어서 어느 걸 사야 할지 결정하기가 어려워요.
점원 : 둘 다 하세요. 다 잘 어울려요.
여자 : 두 개 모두 살 테니까 14,000원에 해 주시면 안돼요?
점원 : 그렇게 싸게 드리면 우리도 남는 게 없어요. 1,000원만 깎아 드릴게요.

2

홈쇼핑 상담원 : 네, 고객님. 뭘 도와드릴까요?
남자 : 지금 방송에 나오는 제품에 대해서 좀 물어볼 게 있는데요.
홈쇼핑 상담원 : 네, 말씀하십시오.
남자 : 운동화는 265mm를 신는데 이건 몇 사이즈를 신어야 되나요?
홈쇼핑 상담원 : 등산화는 좀 넉넉하게 신으시는 게 좋습니다. 5mm 더 큰 사이즈로 주문 하시면 될 겁니다. 혹시 안 맞으시면 이주일안에 교환하실 수 있습니다.

3

손님 : 저, 어제 오후에 여기서 옷을 사 갔는데요.
점원 : 아, 청치마 길이 때문에 고민하셨던 분이시죠?
손님 : 맞아요. 그런데 아무래도 이 치마가 너무 짧은 것 같아서요. 다른 걸로 바꿀 수 있을까요?
점원 : 그러세요. 천천히 한 번 보세요.
손님 : 음, 그런데 마음에 드는 게 없네요. 죄송하지만 환불해 주시면 안 될까요?
점원 : 그럼 영수증을 주세요. 환불해 드리겠습니다.

4

여자 점원 : 손님, 이 배추김치 좀 드셔 보세요. 정말 맛있어요. 오늘 2.5kg짜리 배추김치를 사시면 깍두기 1kg을 서비스로 드려요.
남자 손님 : 다른 회사 김치보다 좀 비싼 것 같은데요.
여자 점원 : 저희 건 좋은 재료로만 만들었거든요.
남자 손님 : 제조일자는 어디에 쓰여 있어요?
여자 점원 : 여기에 쓰여 있어요. 어제 만든 건데 하나 드릴까요? 감사합니다. 맛있게 드세요.

II 095~097

물건을 살 때 어느 곳을 주로 이용하세요? 그 곳을 이용하는 특별한 이유가 있나요?

1

저는 물건을 살 때 인터넷을 자주 이용해요. 백화점이나 시장에서 쇼핑하는 것도 재미있기는 하지만 시간도 많이 걸리고 피곤할 때도 있어서요. 그리고 제가 인터넷 쇼핑을 좋아하는 가장 큰 이유는 시간이 없을 때 편리하게 이용할 수 있기 때문이에요. 그렇지만 가끔 색깔이나 모양이 생각했던 것과 다른 경우가 있어요. 그러니까 사고 싶은 물건이 있을 때는 백화점에서 직접 보고 나서 같은 걸 인터넷 쇼핑몰에서 찾아서 사요.

2

동네에 있는 슈퍼는 필요한 것을 그때그때 살 수 있어서 좋지만 할인 마트와 비교하면 비싸다는 생각이 들어요. 그리고 할인 마트는 24시간 하는 곳도 있기 때문에 편리해요. 하지만 싸다고 생각해서 이것저것 많이 사니까 돈을 더 많이 쓰게 돼요. 그래서 요즘은 할인 마트에 가기 전에 사야 할 물건들을 꼭 적어 가지고 가요. 필요 없는 건 안 사려고요.

3

대리점에서는 전자제품을 믿고 살 수 있지만 한 회사 제품밖에 없어요. 전자 상가에 가면 여러 회사 제품을 한 자리에서 쉽게 비교해 보고 살 수 있어서 좋아요. 그런데 물건의 종류가 너무 많아서 파는 사람 말만 듣고 결정하기가 어려운 것 같아요. 그러니까 사려는 물건에 대해서 잘 아는 사람하고 같이 가면 도움이 많이 돼요.

Ⅲ 098~100

1

저희 연세백화점을 찾아 주신 고객 여러분께 감사드리며 오늘의 특별 행사를 안내해 드리겠습니다. 지금 지하 식품 매장에서는 무더위에 지친 여러분의 입맛을 살릴 싱싱한 해산물을 세일하고 있습니다. 오후 3시까지 오시는 분들께 오징어 세 마리에 2,000원, 왕새우 열 마리에 10,000원, 참치 회 100g에 1,500원씩 드리겠습니다. 또한 7층 스포츠 매장에서는 겨울 스포츠용품을 50~60% 할인해 드리고 있습니다. 남녀 스키복과 스키용품, 스노우 보드를 좋은 가격에 미리 준비하십시오.

2

자, 이번에 여러분께 소개해 드릴 제품은 소파 겸용 침대입니다. 지난 주 방송에서 30분 만에 품절돼서 오늘은 저희가 충분히 준비했습니다. 하지만 오늘도 벌써 전화를 주시는 분들이 많으니까 서두르십시오. 이 제품은 소파에서 침대로 바꾸기가 쉬워서 인기가 많습니다. 그리고 무엇보다도 튼튼하게 만들어졌다는 게 가장 큰 장점입니다. 공간이 좁아서 고민하시는 분들께 추천해 드리고 싶습니다. 이 제품은 고급 쿠션까지 포함해서 13만 9천원입니다. 지금 빨리 전화 주십시오.

3

여러분은 동대문시장에 가 본 적이 있습니까? 여기에서는 새벽에도 쇼핑을 할 수 있습니다. 보통 밤 9시부터 새벽 5시까지 문을 여는 새벽시장은 옷가게를 하는 사람들을 위해서 생겼습니다. 그곳에 가면 큰 가방을 들고 왔다갔다 하는 사람들을 많이 볼 수 있습니다. 요즘은 누구든지 새벽시장을 이용할 수 있지만 옷을 입어보고 살 수 있는 가게들은 많지 않습니다. 그리고 새벽 2~3시에는 버스나 지하철이 끊기니까 택시나 자가용을 이용해야 합니다. 이런 불편한 점이 있지만 유행하는 옷을 다른 곳보다 더 싸게 살 수 있고 새벽시장만의 독특한 분위기가 있어서 사람들이 많이 갑니다.

11과 피부가 좋아질 수 있을까요?

Ⅰ 101~104

1

손님 : 저, 여드름 때문에 고민이 돼서 왔는데요, 여기는 남자들도 이용할 수 있어요?

직원 : 그럼요, 남자 손님들도 꽤 많이 오세요. 손님은 피부 관리를 꼭 받으셔야겠는데요. 피부가 좀 거친 편이세요.

손님 : 얼마나 다녀야 피부가 좋아질 수 있을까요?

2

손님 : 전 손가락이 짧고 굵은 편인데 어떻게 하면 손이 좀 예뻐 보일까요?

직원 : 손톱을 길러서 밝은 색 매니큐어를 칠하면 손가락이 좀 길어 보일 거예요. 원하시면 예쁜 무늬도 그려 드릴 수 있고요.

손님 : 그렇게 하면 정말 손가락이 길어 보일까요?

3

미용사 : 요즘 짧은 머리가 유행인데 머리 모양을 한 번 바꿔 보시는 게 어때요?

손님 : 글쎄요, 오랫동안 머리를 길러서 자르기가 좀 아까운데요.

미용사 : 손님 얼굴에는 긴 머리보다 짧은 머리가 더 잘 어울릴 것 같아요. 그리고 더 어려 보이실 것 같은데.

4

의사 : 제가 보기에는 특별히 고칠 데가 없을 것 같은데요. 지금도 보기 좋습니다.

환자 : 아니에요. 저는 거울을 볼 때마다 코가 마음에 안 들어요, 선생님. 코가 조금만 더 높았으면 좋겠어요.

의사 : 코를 높이면 얼굴의 전체적인 분위기하고 잘 안 어울려서 오히려 어색해 보일 겁니다.

Ⅱ 105~107

외모 때문에 고민해 본 적이 누구나 한 번쯤은 있을 것 같은데요. 여러분은 어떤 고민을 하고 계세요?

1

둘째 아이를 낳은 지 몇 달이 지났지만 살이 전혀 안 빠졌어요. 아이를 키우면서 운동을 하는 게 쉽지 않고 집에 있으니까 자꾸 먹기만 해요. 결혼하기 전에는 제 별명이 '미스 코리아'였는데 이제는 누가 봐도 아줌마예요. 작년까지 입던 옷들이 하나도 맞지 않아서 속상해요. 저는 귀엽고 밝은 느낌이 드는 옷이 좋은데 이제는 그런 옷이 안 어울리는 것 같아요.

2

저는 한 번도 못 생겼다는 생각을 해 본 적이 없었는데 제 인상이 별로 안 좋은가 봐요. 친구들도 제 첫인상이 무서워서 먼저 말을 걸기가 어려웠다고 하고요. 그래서 그런지 요즘 몇 군데 취직 시험을 봤는데 모두 면접시험에서 떨어졌어요. 제 인상이 좋았으면 붙었을지도 모른다고 생각하니까 우울해져요. 안경을 벗으면 인상이 좋아 보일 것 같기도 해서 콘택트렌즈를 끼어 볼까 생각 중입니다.

3

사람들은 저를 보고 인기 영화배우 이미라 씨를 닮았대요. 그 배우처럼 눈이 크고 날씬해서 친구들이 저를 부러워해요. 하지만 저는 키가 큰 제 친구들이 부러워요. 어렸을 때부터 저는 패션모델이 되고 싶었거든요. 엄마는 앞으로도 키가 더 클 테니까 걱정하지 말라고 말씀하시지만 저는 더 안 클까 봐 걱정이에요.

Ⅲ 108~110

1

당신이 잊고 있는 사이에도 태양은 쉬지 않고 당신의 피부를 따라 다닙니다.
야외에서 운동을 즐길 때도, 가벼운 외출을 할 때도 잊지 마세요.
햇빛만 막아도 당신의 하얗고 고운 피부를 지킬 수 있습니다.
사계절, 언제, 어디서나 젊고 건강한 피부.
물과 땀에도 쉽게 지워지지 않습니다.

2

요즘은 외모를 중요하게 생각하는 사람들이 많습니다. 지난 8일 서울에서는 이런 생각을 바꿔 놓을 만한 패션쇼가 열렸습니다. 2005년에 처음 시작돼서 2년 만에 다시 열린 이 패션쇼에서는 77사이즈 이상의 큰 옷을 입는 여성 스무 명이 모델로 나왔습니다. 나이도 직업도 모두 다른 이 여성들은 아름다운 미소와 자신감 있는 모습을 보여 줘서 관객들에게 큰 박수를 받았습니다. 행사에 참석했던 한 관객의 말입니다. "앞으로도 이런 행사가 자주 열려서 외모를 중요하게 생각하는 사회 분위기가 바뀌었으면 좋겠어요." 아름다움은 날씬한 몸매가 아니라 넉넉한 마음과 자신감에서 나온다는 것을 보여준 행사였습니다. YBS 뉴스 김영수였습니다.

3

요즘은 오똑한 코, 쌍꺼풀 있는 큰 눈, 갸름한 얼굴을 가진 여자를 보고 미인이라고 합니다. 어릴 때 가지고 놀던 예쁜 인형처럼 생긴 얼굴입니다. 조선 시대에는 쌍꺼풀이 없는 작은 눈에, 좁고 긴 코, 보름달 같이 둥글고 하얀 얼굴, 넓은 이마, 작고 빨간 입술을 가져야 최고의 미인이라고 생각했습니다. 이처럼 시대마다 미인에 대한 생각이 많이 다릅니다. 지금 최고의 미인이라고 하는 여배우의 사진을 몇 십 년 후의 젊은이들에게 보여 주면 미인이 아니라고 말할지도 모르겠습니다.

12과 TV로 영어 강의를 들어요

Ⅰ 111~114

1

앵커 : 다음은 망원동에 나가 있는 박정원 기자를 불러 보겠습니다. 박 기자!

기자 : 네, 저는 지금 어제 많은 비가 내린 망원동에 와 있습니다.

앵커 : 지금 그곳 상황이 어떻습니까?

기자 : 비는 그쳤지만 차들이 다닐 수 없을 정도로 도로에 빗물이 가득 차 있습니다.

2

여자 주인공 : 난 민우 씨를 정말 이해할 수 없어! 민우 씨한테는 언제나 나보다 일이 더 먼저잖아!

남자 주인공 : 내가 미안하다고 했잖아. 어제는 갑자기 급한 일

이 생겨서 그랬어.

여자 주인공 : 그럼 미리 전화라도 해 줘야 되는 거 아니야? 밖에서 기다리는 사람은 생각도 안 해?

남자 주인공 : 정말 미안해. 휴대폰 배터리가 떨어진 데다가 내가 있던 곳에는 공중전화도 없었어.

3

남자 사회자 : 다음에 노래를 불러 주실 분은 김정훈 씨입니다.

여자 사회자 : 그동안 김정훈 씨 소식을 궁금해 하셨던 팬들이 많았을 텐데요. 특히 김정훈 씨는 남성 팬이 많은 가수로 유명하지요?

남자 사회자 : 네, 그렇습니다. 그리고 평소에 방송 출연을 잘 안 하시는 것으로도 유명한 가수지요. 오늘은 어떤 모습을 보여 주실지 기대가 됩니다.

여자 사회자 : 자, 이제 노래를 들어 볼까요? 김정훈의 '함께 한 시간'

4

사회자 : 마지막으로 안지성 선수의 계획을 말씀해 주십시오.

출연자 : 우선 다음 달에 열리는 아시안컵대회에서 좋은 성적을 얻는 게 목표입니다.

사회자 : 나중에 프로 축구팀 코치나 감독이 되실 생각은 없습니까?

출연자 : 글쎄요, 아직까지는 미래에 대해서 생각해 본 적이 없습니다. 선수로 뛰고 있는 지금이 너무 행복합니다.

사회자 : 아, 그렇군요. 바쁘신데 오늘 저희 프로그램에 나와 주셔서 대단히 감사합니다. 앞으로 더 멋진 모습을 보여 주시기 바랍니다.

Ⅱ 115~117

여러분은 텔레비전을 자주 보세요? 요즘 즐겨 보는 프로그램이 있으면 말해 보세요.

1

저는 학원에 다니지 않고 집에서 TV로 영어 강의를 들어요. 수업 내용도 학교나 학원에서 배우는 것만큼 좋거든요. 그리고 비디오로 녹화할 수 있어서 한 번 보고 이해할 수 없는 것은 나중에 다시 보면서 공부할 수 있어요. 무엇보다도 학원까지 왔다 갔다 하는 시간을 절약할 수 있어서 좋아요. 다음 달부터는 다른 과목도 TV 프로그램을 보면서 공부하려고 해요. 이렇게 계속 공부하면 내년에 보는 대학 입학시험도 문제없을 것 같아요.

2

얼마 전까지는 TV를 켜도 볼 만한 프로그램이 없었습니다. 드라마는 이해할 수 없고, 가요 프로그램에는 10대 청소년들이 좋아하는 노래만 나와서 TV를 꺼 버릴 때가 많았지요. 그런데 한 달 전부터 시작된 프로그램을 보려고 이제는 나도 아침마다 TV앞에 앉아요. 이 프로그램에서는 건강 정보와 일자리 정보를 알려 준답니다. 우리 나이에는 아픈 곳도 많고 일자리도 없어서 고민인데 많은 도움이 됩니다. 게다가 흘러간 옛날 노래도 들을 수 있어서 얼마나 좋은지 모릅니다.

3

제 친구들은 연예인한테 관심이 많아서 연예 뉴스를 즐겨 봐요. 자기가 좋아하는 가수나 탤런트에 대해서는 모르는 게 없어요. 그런데 저는 그런 쪽에는 전혀 관심이 없어요. 제가 즐겨 보는 프로그램은 '이것을 아시나요?' 예요. 평소에도 동물이나 식물에 대한 책을 많이 읽는데 이 프로그램을 보면 책에서는 볼 수 없는 재미있는 장면들을 많이 볼 수 있어요. 우리 몸에 대해서 몰랐던 사실도 많이 알게 되고요.

Ⅲ 118~120

1

가자! 세계 속으로.
지금까지와는 다른 새로운 퀴즈쇼에 여러분을 초대합니다.
세계의 문화와 역사에 관심 있는 분들은
중학생 이상이면 누구나 참가하실 수 있습니다.
두 분이 함께 신청하십시오.
우승팀에게는 해외여행의 기회를 드립니다.
매주 수요일 저녁 6시, 세계여행을 떠나 보지 않으시겠습니까?

2

여러분은 하루에 TV를 보는 시간이 얼마나 됩니까? 우리는 TV때문에 가족들과 함께 할 소중한 시간을 잃고 있습니다. 이

제 일주일에 하루라도 TV를 끄고, 가족들과 대화를 하는 시간을 만들어 보십시오. 책을 읽거나 아무것도 하지 않고 쉬는 것도 좋을 것입니다. 매주 토요일에는 TV를 끕시다. 여러분의 생활이 달라질 것입니다.

3

한류란 중국에서 시작된 한국 대중문화의 열기를 뜻합니다. 한국 텔레비전 드라마가 중국에 수출된 후부터 중국에서는 한국 문화에 대한 관심이 높아지기 시작했습니다. 2000년 한국 가수 HOT의 중국 공연 후에 중국에서 한류라는 말을 처음으로 쓰기 시작했습니다. 현재는 중국뿐만 아니라 일본, 동남아시아 등 세계 여러 나라에서 한국의 텔레비전 드라마나 노래에 큰 관심을 보이고 있습니다. 한국 드라마나 영화를 보고 한국을 찾아오는 관광객도 아주 많습니다. 그리고 김치나 고추장, 한국 가전제품을 사는 사람도 많고 한국말을 배우려는 사람들도 많습니다. 요즘은 넓은 의미에서 이 모든 것을 한류라고 합니다.

13과 저는 평소에 김밥을 즐겨 먹어요

I 121~124

1

손님 : 여기서 생선 요리는 먹어본 적이 없는데 맛이 괜찮은가요?

웨이터 : 저희 식당에는 생선 요리를 드시러 오는 분들이 제일 많으세요.

손님 : 그래요? 전 오늘도 이 식당 스테이크가 생각나서 왔는데. 그럼 오늘은 메뉴를 한번 바꿔 볼까요?

웨이터 : 그렇게 해 보시지요. 후회하지 않으실 겁니다.

2

남편 : 여보, 요즘 날씨가 더워서 그런지 입맛이 없네. 뭐 맛있는 거 없을까?

부인 : 나도 오늘은 저녁 하기가 싫은데 냉면이라도 시켜 먹을까요?

남편 : 냉면? 그거 좋지. 그런데 이 근처에 냉면을 잘 하는 집이 있나?

부인 : 지난번에 불고기를 먹으러 갔던 식당 있지요? 거기서 냉면 배달을 시작했대요. 냉면도 맛있다고 하던데요.

3

여자 : 자, 제가 만든 카레라이스예요. 맛 좀 봐 주세요.

남자 : 정말요? 기대되네요. 어! 그런데 뭔가 빠진 것 같은데요.

여자 : 그래요? 지난번처럼 실수할까 봐 오늘은 요리책을 보면서 만들었는데요.

남자 : 카레에 감자랑 당근은 들어갔는데 양파가 없네요. 괜찮아요. 지금이라도 썰어 넣고 다시 끓이면 되니까요.

4

식당 주인 : 명가만두 신촌점입니다.

손님 : 저, 거기 만두 포장되지요? 도착하는 대로 바로 가져 갈 수 있었으면 해서 전화를 드렸어요. 좀 급해서요.

식당 주인 : 무슨 만두로 하시겠어요? 고기만두, 김치만두, 왕만두가 있는데요.

손님 : 그럼 1인분씩 따로따로 싸 주세요.

II 125~127

여러분은 어떤 음식을 즐겨 드세요? 즐겨 드시는 음식에 대해서 소개해 주세요.

1

얼마 전에 인사동을 구경하다가 '김치찌개 3000원'이라고 쓰여 있는 걸 보고 한 식당에 들어갔어요. 그 식당은 뒷골목에 있었는데 메뉴는 김치찌개랑 칼국수밖에 없었어요. 값이 싸서 맛을 기대하지 않았는데 먹어 보고 깜짝 놀랐어요. 제가 지금까지 먹어 본 김치찌개 중에서 최고였거든요. 인사동에는 유명한 식당들이 많지만 제 생각에는 이 집만한 식당이 없는 것 같아요. 지난주에도 두 번이나 갔어요.

2

저는 평소에 김밥을 즐겨 먹어요. 여러 가지 야채가 들어 있어서 건강에도 좋고 맛도 있기 때문이에요. 그런데 김밥은 쉽게 맛이 변하기 때문에 남은 김밥은 반드시 냉장고에 보관해야 해요. 냉장고에 있던 김밥은 맛이 없지만 제가 가르쳐 드리는 방법대로 하면 남은 김밥도 맛있게 먹을 수 있어요. 만드는 방법은 아주 쉬워요. 계란을 깨서 잘 저은 계란물에 김밥을 담갔다가 프라이팬에 잘 굽기만 하면 돼요.

3

원룸에서 혼자 살면서 제일 힘든 게 식사 준비입니다. 저는 만들 수 있는 요리가 없어서 집에 있을 때는 라면만 자주 끓여 먹어요. 인스턴트 라면은 다 똑같은 맛이라고 생각하는 사람들도 있겠지만 그렇지 않습니다. 끓이는 방법에 따라서 맛이 아주 달라진답니다. 제가 알고 있는 방법을 가르쳐 드릴까요? 라면 한 개에 설탕을 찻숟가락으로 하나 정도만 넣어 보세요. 정말 맛있을 겁니다.

Ⅲ 128~130

1

지금까지는 입맛이 없을 때 맛있게 먹을 수 있는 국수를 만들어 봤는데요. 이제 국수를 만들고 남은 파로 파전을 만들어 보겠습니다. 먼저 파를 반으로 잘라서 밀가루를 뿌려 놓고, 다음은 계란에 소금을 넣어서 잘 저으세요. 자, 이제 파를 계란에 담갔다가 꺼내서 프라이팬에 부치시기만 하면 됩니다. 정말 간단하지요? 오늘은 시간 관계상 파로만 만들어 봤는데 여러 가지 해물을 넣으면 더 맛있습니다.

2

자, 다음 문제입니다. 이것은 여러 가지 야채와 소고기, 계란으로 만드는데 계절에 따라서 재료가 달라질 수 있습니다. 그릇에다가 밥을 담고 그 위에 미리 준비해 둔 재료들을 보기 좋게 올려 놓습니다. 먹을 때는 참기름과 고추장이 필요합니다. 12월 31일에는 그날 남은 음식을 새해에 먹지 않으려고 이것으로 만들어 먹는 풍습이 있습니다. 전라도 전주 음식으로 유명한 이것은 무엇일까요?

3

김치는 대표적인 한국음식 중의 하나입니다. 지금 우리가 즐겨 먹는 매운 김치는 조선 시대에 고추가 한국에 들어오고 나서 만들어졌습니다. 고춧가루를 사용해서 만든 최초의 김치는 오이김치입니다. 그 전에는 소금으로 만든 김치를 먹었습니다. 지금은 재료에 따라서 약 180가지의 김치가 있습니다. 그리고 김치 맛은 지방마다 조금씩 다릅니다. 한국의 북쪽은 고춧가루를 적게 넣어서 싱겁게, 남쪽에서 전라도는 맵게, 경상도는 짜게 만듭니다. 맛있는 김치를 먹으려면 보관 방법이 중요합니다. 옛날에는 땅에 묻었는데 요즘에는 김치냉장고가 있어서 편리해졌습니다.

14과 감기에 걸린 적이 거의 없어요

Ⅰ 131~134

1

남자 : 며칠 전부터 두통이 심한데 이유를 모르겠어요.

여자 : 요즘 스트레스를 너무 많이 받는 거 아니에요?

남자 : 회의 때문에 준비할 게 있기는 하지만 별로 힘들지 않고 스트레스가 쌓일 일도 없는데.

2

손님 : 아침에 일어나니까 눈이 빨갛고 많이 부었는데 약 좀 주세요.

약사 : 눈병이 난 것 같은데 병원에서 처방전을 받아 오셔야 약을 사실 수 있어요.

손님 : 그래요? 여기서 바로 약을 살 수 없나요?

3

문병객 : 건강하신 줄 알았는데 입원하셨다는 소식을 듣고 깜짝 놀랐어요.

환자 : 어휴, 의사 선생님한테서 조심하라는 말을 들었는데도 날마다 술을 마신 제 잘못이지요, 뭐.

문병객 : 내일 수술하신다면서요? 수술이 잘 돼야 할 텐데.

4

환자 : 선생님, 검사 결과가 어떻게 나왔습니까?

의사 : 검사 결과는 지난번에 비해서 좋게 나왔습니다만 그래

도 조심하셔야 합니다. 약도 계속 드셔야 하고요.
환자 : 그럼 병원에 계속 다녀야 해요?

Ⅱ 135~137

건강해 보이시는군요. 건강을 위해서 특별히 하시는 게 있어요?

1

저는 요가만한 운동이 없다고 생각합니다. 그전에 배우던 테니스도 건강에 도움이 되었지만 아무데서나 할 수 없어서 못하는 날이 많았어요. 그래서 요가를 시작했는데 요가는 비디오를 보면서 집에서도 할 수 있으니까 아주 좋아요. 얼마 전에는 출장 가서 호텔방에서도 요가를 했고요, 회사에서도 의자에 앉아서 날마다 연습해요. 처음에는 어려운 동작들이 많았는데 이제는 익숙해져서 힘들지 않아요.

2

저는 평소에 유자차를 즐겨 마셔요. 처음에는 유자차의 향기가 좋아서 마시기 시작했는데 유자차를 마신 후부터는 감기에 걸린 적이 거의 없어요. 유자에는 레몬보다도 많은 비타민 C가 있기 때문인 것 같아요. 그래서 감기에 자주 걸리는 친구들에게 유자차를 마시라고 해요. 집에서 음악을 들으면서 따뜻한 유자차를 마시면 하루 종일 쌓인 스트레스도 다 풀리는 것 같아요.

3

처음 만난 사람들은 모두들 나를 나이보다 10년은 젊게 봐서 50대라고 생각해요. 지난주에는 병원에서 검사를 했는데 40대보다도 건강하다는 결과가 나왔어요. 내가 이렇게 젊고 건강하게 살 수 있는 건 30년 전부터 먹기 시작한 검은콩 덕분이에요. 검은콩을 프라이팬에 볶아서 먹거나 밥을 할 때 넣어서 먹어요. 이 방법은 큰 돈이 들지 않아서 쉽게 시작할 수 있었어요. 요즘에는 신문이나 방송에서 이 방법이 자주 소개돼서 주위 사람들 중에도 검은콩을 먹는 사람들이 많아졌어요. 검은콩을 먹으면 피도 맑아지고 흰머리도 잘 안 생긴대요.

Ⅲ 138~140

1

과일과 야채가 우리 몸에 좋은 건 다 아시지요? 과일과 야채는 색이 짙을수록 건강에 좋기 때문에 짙은 색을 골라서 될 수 있는 대로 껍질까지 먹는 것이 좋습니다. 과일과 야채는 그 색깔에 따라서 우리 몸에서 보호해 주는 곳이 다릅니다. 빨간색은 피를 맑게 하고 심장을 강하게 해줍니다. 그리고 노란색은 위를 튼튼하게 해 주고 하얀색은 기침을 많이 하는 사람에게 좋습니다.

2

걷기보다 좋은 운동은 없습니다. 걷기는 다이어트에 좋을 뿐만 아니라 뼈를 튼튼하게 해 줍니다. 걷기 운동은 조금만 관심을 가진다면 언제든지 할 수 있습니다. 오늘은 생활 속에서 쉽게 할 수 있는 1 · 2 · 3 운동을 소개해 드리겠습니다. 1은 버스나 지하철을 탈 때 한 정류장 전이나 그 다음에 내려서 걷는 것이고, 2는 하루에 2Km는 반드시 걷는 것, 3은 3층 이하는 걸어서 가는 것을 말합니다. 운동할 시간이 없는 분들은 꼭 한번 따라해 보십시오.

3

한의학은 5천년동안 한국 사람들의 건강을 지켜왔습니다. 지금도 병을 고치거나 건강에 문제가 없어도 더 건강해지기 위해서 한의원을 찾는 사람이 많습니다. 한의사는 손목을 잡아 보거나 배를 눌러 보는 방법으로 진찰을 합니다. 그렇게 하면 사람들에게 무슨 문제가 있는지 압니다. 진찰이 끝나면 증세에 따라서 침을 놓거나 한약을 지어 줍니다. 침은 주사와 비슷하고 한약은 자연에서 얻은 재료로만 만듭니다. 이렇게 치료를 하면 몸이 자연스럽게 좋아집니다.

15과 여보세요, 거기 119지요?

Ⅰ 141~144

1

선희 : 여보세요, 영석이니? 오랜만이다. 나 선희야. 그런데 어떻게 된 거니? 너 휴대폰 전화번호 바뀌었어? 전화가 안

돼서 사무실로 건 거야.

영석 : 어, 선희구나. 정말 미안해. 그동안 정신없이 바빠서 연락도 못 했어.

선희 : 요즘은 휴대폰에도 전화번호 변경 안내 서비스가 있다고 하던데.

영석 : 응, 나도 그 서비스를 신청해서 1년 동안은 무료 서비스를 받았었지.

2

교환원 : 여보세요. 프랑스에 있는 최현준 씨께서 수신자 부담 전화를 요청하셨는데 전화를 받으시겠습니까?

엄마 : 아, 네. 그러지요.

아들 : 여보세요. 엄마, 저 현준인데요. 수신자 부담 전화가 와서 놀라셨죠? 전화카드를 다 써서요. 저 지금 파리에 와 있어요.

엄마 : 어머, 현준아! 너 언제 프랑스로 갔니? 난 네가 아직 영국에서 여행하고 있는 줄 알았는데.

3

학생 : 여보세요. 거기 한국어학당이지요? 죄송하지만 최주영 선생님 계시면 좀 바꿔 주세요.

선생님 : 최주영 선생님이요? 잠시만요. 지금 수업 중이신데 실례지만 무슨 일이시죠?

남학생 : 네, 저는 최주영 선생님 반에서 공부했던 료타라고 하는데요. 선생님을 한번 뵀으면 해서요.

선생님 : 아, 그러세요? 그럼 전화 왔었다고 전해 드릴 테니까 연락처를 알려 주세요.

4

여자 : 여보세요, 거기 119지요?

119 대원 : 네, 그렇습니다. 무엇을 도와 드릴까요?

여자 : 여기요, 큰일 났어요. 아이가 혼자 집에 있는데 문이 잠겼어요. 쓰레기를 버리러 잠깐 나왔기 때문에 열쇠를 안 가지고 나왔거든요. 늦은 밤이라서 열쇠 가게도 문을 다 닫았고 아이는 집안에서 울고 있어요.

119 대원 : 걱정하지 마시고 잠시 기다리세요. 저희가 곧 가서 도와 드리겠습니다.

Ⅱ 145~147

지금은 부재 중입니다. 용건이 있으신 분은 '삐' 소리가 난 후 메시지를 남겨 주십시오.

1

(삐--) 수정아, 엄마야. 요즘 연락이 없는 걸 보니까 기말 시험 준비 때문에 바쁜가 보구나. 오늘 우체국에 가서 지난달에 네가 부탁한 책들을 부치고 왔단다. 그런데 그 중에서 한 권은 이제 나오지 않는 책이라는구나. 그 책은 내가 헌책방에 가서 다시 한 번 찾아볼게. 뉴스를 보니까 요즘 뉴욕에 10년만에 큰 추위가 왔다고 하던데 감기에 걸리지 않게 조심해라.

2

(삐--) 강동원 고객님, 안녕하십니까? 연세백화점입니다. 고객님께서 찾으셨던 청바지가 들어왔습니다. 부탁하신 31사이즈가 없어서 30사이즈를 어렵게 구했는데요. 이 청바지는 30사이즈라도 다른 옷에 비해서 크게 만들어져서 고객님께 잘 맞을 겁니다. 이 바지를 찾는 분들이 많으니까 될 수 있는 대로 빨리 나와 주십시오.

3

(삐--) 저, 가수 김정훈 팬클럽 회원인데요. 팬클럽 홈페이지에서 보고 전화드리는 거예요. 이번 콘서트 표를 구한다고 하셔서요. 제 표는 15일 저녁 7시 거고요, 자리는 앞에서 세 번째 줄 가운데예요. 좋은 자리에서 보려고 예매가 시작되자마자 표를 샀는데 15일에 다른 일이 생겨서 갈 수 없게 됐어요. 이렇게 좋은 시간, 좋은 자리 표는 아마 구하기 힘드실 거예요. 관심이 있으면 빨리 연락 주세요. 표 값은 나중에 말씀드릴게요.

Ⅲ 148~150

1

"아빠, 언제 도착해요?"

"교통사고 난 거 아니야? 이 길은 왜 이렇게 막혀?"

아직도 길에서 시간을 낭비하고 계십니까?

AB 텔레콤의 '천리안' 서비스를 이용해 보십시오.
휴대폰만 있으면 막히는 길도 피해서 갈 수 있습니다.
처음 가는 낯선 곳도, 만나고 싶은 사람이 있는 곳도 쉽게 찾을 수 있습니다.
한 달에 4,000원이면 전국 어디든지 쉽고, 빠르게.
처음 한 달은 무료로 이용하실 수 있습니다.

2

요즘 열심히 손가락을 움직이면서 휴대폰으로 문자를 보내는 사람들을 많이 볼 수 있습니다. 어떤 사람들은 전화 통화보다 문자 주고 받기를 더 좋아합니다. 문자 요금이 통화 요금보다 더 싸고, 한 번에 여러 사람에게 같은 내용을 보낼 수 있기 때문입니다. 휴대폰으로 문자를 보낼 때는 왼손과 오른손의 엄지 손가락으로 버튼을 누릅니다. 이렇게 엄지 손가락을 사용해서 빠른 속도로 문자를 보내는 사람들을 '엄지족'이라고 합니다.

3

전화를 받을 때 한국 사람들은 누구나 "여보세요."라고 말합니다. 그 의미는 "여기 좀 보세요." 입니다. 그런데 왜 한국 사람들은 전화를 걸거나 받을 때 "여보세요."라고 할까요? 전화가 한국에 처음 들어 왔을 때는 전화 소리가 깨끗하지 않았습니다. 그리고 얼굴은 보이지 않는데 전화기에서 사람 목소리가 들리니까 "여기 좀 보세요."라고 말하면서 전화기 안의 사람을 불렀습니다. 이 말이 줄어서 전화 받을 때 "여보세요."라고 하는 것입니다. 여러분 나라에서는 전화를 받을 때 뭐라고 합니까?

16과 결혼하고 싶은 생각이 별로 없어요

I 151~154

1

아내 : 아니, 여보! 그렇게 TV만 보고 있으면 어떻게 해? 오늘 설거지는 당신이 할 차례야.

남편 : 모처럼 TV 앞에 앉아서 축구 경기 좀 보려고 하는데 다 보고 나서 이따가 할게.

아내 : 경기가 시작되려면 좀 더 있어야 하니까 우선 설거지부터 해 놓고 봐. 그저께도 당신이 설거지할 차례였는데 잠들어서 내가 다 했잖아.

남편 : 알았어, 알았어. 오늘은 당신 말대로 할게.

2

남편 : 이번 휴가는 우리끼리만 떠났으면 하는데 어때?

아내 : 그러면 아버님, 어머님이 섭섭해 하시지 않겠어요? 해마다 같이 다녀왔잖아요.

남편 : 당신이 두 분께 잘 해드려서 항상 고맙게 생각하고 있어. 아버지, 어머니께는 내가 벌써 말씀 드렸어.

아내 : 그래요? 그럼 제가 없는 동안 불편하시지 않도록 해 놓고 가야겠네요.

3

아 들 : 어머니, 유키에하고 결혼하면 1년 정도는 어머니를 모시고 살고 싶어요.

어머니 : 아니, 요즘 젊은 사람들은 다들 따로 살려고 하는데 그게 무슨 소리니? 서로 불편할 것 같아서 싫구나. 그리고 유키에가 아직 한국말이 서툴러서 나하고 살면 힘들걸.

아들 : 아니에요. 유키에는 어머니랑 같이 살면서 한국말도 배우고 한국 풍습도 익히고 싶어 해요.

어머니 : 그래? 유키에가 생각이 참 깊구나. 너희가 잘 생각하고 내린 결정이라면 내가 따라야지.

4

마이클 : 내일 은미 씨 아버님 제사에는 친척들이 많이 오실 텐데 지난 번 같은 실수를 또 할까 봐 걱정돼요.

은미 : 한국 사람들도 친척들을 부를 때 헷갈리는 경우가 많은데 마이클 씨 같은 외국 사람들한테는 정말 어려울 거예요.

마이클 : 내가 우리 결혼식 날 은미 씨 작은어머니께 아줌마라고 해서 사람들이 모두 웃었던 거 생각나지요?

은미 : 그럼요. 내일은 실수하지 않도록 친척들 사진을 보면서 가르쳐 줄게요.

II 155~157

결혼하셨어요? 결혼이나 배우자에 대한 생각을 이야기해 보세요.

1

저는 아직 결혼하고 싶은 생각이 별로 없어요. 저한테는 일이 제일 소중하거든요. 결혼을 하면 지금처럼 출장을 자주 다니기도 어렵고 밤늦게까지 일하기도 어려워질 거예요. 그리고 무엇보다도 직장 일을 하면서 가족들에게 최선을 다할 자신이 없어요. 지금처럼 열심히 일도 하고 여가 시간에는 취미 생활을 즐기고 싶어요. 하지만 이런 저를 이해해 주는 사람이 나타난다면 생각이 바뀔지도 모르겠어요.

2

우리 집사람은 늘 잔소리가 심해요. 제가 가족보다 술을 더 좋아한다는 거예요. 하지만 저는 뭐 좋아서 마시는 건가요? 회사일 때문에 어쩔 수 없이 마시는 경우가 많고 오랜만에 친구들이랑 만나면 술 한잔 안 할 수 없잖아요? 집사람은 왜 저를 이해해 주지 못하는 걸까요? 주말에는 피곤해도 아이들과 놀아주는 좋은 아빠인데 말이에요.

3

얼마 전에 뉴스를 보니까 주부들의 반 이상이 다시 태어난다면 지금 살고 있는 남편하고는 결혼하지 않을 거라고 했대요. 마음에 들지 않는 점이 많기 때문이겠지요. 하지만 저는 연애할 때보다 결혼을 하고 나서 남편의 장점을 더 많이 발견하게 됐어요. 우리 남편은 맞벌이하는 저를 위해서 저녁상을 차려놓고 기다리기도 하고 모든 걸 가족 중심으로 생각하는 사람이에요. 생일에 아침 일찍 미역국을 끓여 줬을 때는 어찌나 고마운지 눈물이 났어요.

Ⅲ 158~160

1

엄마가 힘들까 봐 짐을 들어 주는 아들 윤호.
비오는 날 아빠를 마중 나가는 딸 소희.
어린 동생을 잘 돌봐 주는 형 재영이.
네가 태어나지 않았다면 느끼지 못했을 행복. 고맙다.
아이는 미래를 위한 가장 아름다운 선물입니다.

2

가족의 모습이 예전과 많이 달라졌습니다. 직장에 나가는 아내 대신 집안일을 하는 남편들이 늘고 있습니다. 남편보다 아내의 나이가 많은 커플은 25%로 신혼부부 4쌍 중 1쌍이나 되고, 결혼 후에 아내의 부모님과 같이 사는 사람들도 12.8%나 됩니다. 오늘부터 한 달 동안 이 시간에는 가족의 모습이 어떻게 변하고 있는지를 알아보고 그 이유에 대해서도 생각해 보도록 하겠습니다. 오늘은 그 첫 번째 시간으로 김나리 리포터가 직접 한 가정을 다녀왔습니다. 김나리 리포터, 직장을 그만두고 집안일만 하고 계시는 남자분을 직접 만나보고 오셨다고요. 소개해 주시지요.

3

한국에서는 결혼식 때 신랑이 신부에게 나무로 만든 기러기 한 쌍을 전하는 풍습이 있었습니다. 처음에는 집에서 기르던 기러기를 줬는데 나중에는 나무로 만든 기러기를 줬습니다. 기러기는 죽을 때까지 자기 짝만 사랑하는 새입니다. 옛날 사람들은 부부가 기러기처럼 서로 사랑하면서 행복하게 살기를 바랐습니다. 요즘에는 신랑, 신부의 친구들이 결혼 축하 선물로 나무 기러기 한 쌍을 주기도 합니다.

17과 일이 적성에 맞지 않아서 힘들어요

Ⅰ 161~164

1

남학생 : 저, 문에 붙어 있는 광고를 보고 왔는데요. 아르바이트생을 구한다고 하셔서요.
아줌마 : 아, 그래요? 우리는 밤늦게까지 일할 수 있는 사람이 필요한데 괜찮겠어요?
남학생 : 네, 지금 휴학 중이라서 시간이 많아요. 그런데 조건을 자세히 알고 싶은데요.
아줌마 : 시간 당 5천원이고 일요일은 식당 문을 닫아요. 그리고 밤 12시가 넘어서 일이 끝날 때는 택시비를 주고요. 어때요? 조건이 괜찮지요?

2

부장 : 김진우 팀장, 내일까지 제출하라고 한 사업 계획서는 잘 준비하고 있지요?

팀장 : 그게 저, 미리 말씀드리려고 했는데 생각보다 시간이 많이 걸리네요. 3일 정도 시간이 더 필요할 것 같습니다.

부장 : 아니, 뭐라고요? 지난번에 주의를 듣고도 이번에도 또 그렇게 늦어진단 말이에요?

팀장 : 부장님, 정말 죄송합니다. 처음에 방향을 잘못 잡아서 일이 이렇게 늦어지게 됐습니다. 될 수 있는 대로 빨리 제출하도록 노력하겠습니다.

3

면접관 : 이력서를 보니까 대기업에도 입사할 수 있는 좋은 조건을 가지고 있는데 왜 우리 회사에 지원하게 됐습니까?

지원자 : 이 회사에서 일하고 있는 학교 선배들한테서 회사 분위기와 근무 조건이 아주 좋다는 얘기를 많이 들었습니다. 그리고 무엇보다도 게임 소프트웨어를 만드는 회사에서 꼭 일해 보고 싶었습니다.

면접관 : 앞으로의 꿈을 말씀해 보십시오.

지원자 : 세계 최고의 게임 소프트웨어를 만드는 게 제 꿈입니다. 기회를 주신다면 이 회사에서 최선을 다하겠습니다.

4

아버지 : 수경아, 좋은 직장을 그만두고 갑자기 연극배우가 되겠다니 무슨 소리냐?

딸 : 아버지, 어렸을 때부터 제 꿈은 배우가 되는 거였잖아요. 더 늦기 전에 제 꿈을 이뤄보려고 해요.

아버지 : 연극은 일하면서 취미로도 할 수 있지 않겠니? 나중에 후회하지 말고 다시 한번 잘 생각해 봐라. 선생님도 좋은 직업이잖니?

딸 : 저도 오랫동안 고민하고 어렵게 결정한 거예요. 아버지께서 실망하시지 않도록 좋은 배우가 될게요.

Ⅱ 165~167

여러분은 자신에게 맞는 직업을 찾으셨습니까? 직업에 대한 여러분의 생각을 듣고 싶습니다.

1

저는 대학 4년 동안 취업하기 위해서 영어뿐만 아니라 중국어도 공부하고 컴퓨터 자격증도 여러 개 땄어요. 하지만 얼마 전에 세 군데 입사 시험을 봤는데 다 떨어졌어요. 제 주위에서 취직이 된 친구들을 보면 대학교 때 큰 회사에서 인턴사원으로 일한 적이 있거나 비슷한 일을 한 경험이 있는 사람들이에요. 졸업한 지 몇 년이 지났는데도 아직 취직하지 못한 선배들을 볼 때마다 나도 그렇게 될까 봐 걱정이 돼요. 그래서 다음 달에 졸업하면 작은 회사에라도 들어가서 경험을 쌓을까 생각 중이에요.

2

'첫 단추를 잘 끼워야 한다'는 말이 있지요? 저는 요즘 이 말을 실감하고 있어요. 저는 무역회사에서 일한 지 7년이 지났는데 일이 제 적성에 맞지 않아서 힘들어요. 저는 날마다 한국에서 만든 물건들을 수입하려는 외국인들을 많이 만나요. 그런데 여러 사람을 만나서 일하는 게 저한테는 잘 안 맞는 것 같아요. 제 성격이 내성적이거든요. 대학교를 졸업할 때 취직을 할지 대학원에 가서 공부를 계속할지 고민하다가 선택한 첫 직장인데 지금은 후회가 많이 돼요. 공부를 계속해서 연구원이 됐으면 더 좋았을 것 같아요.

3

요즘 우리 병원에는 40대 남자 환자들이 늘었습니다. 40대 회사원들 중에는 언제 회사를 그만두게 될지 몰라서 걱정하는 사람들이 많아요. 이런 사람들은 밤에 잠을 잘 못 자거나 두통이 심해져서 우리 병원을 찾지요. 40대 회사원들은 전문직을 가지고 있는 제가 부럽다는 말들을 많이 합니다. 의사는 나이가 들어도 일하고 싶을 때까지 일을 할 수 있다고 하면서요. 저희 부모님께서는 제가 어렸을 때부터 의사나 변호사 같은 전문직을 선택하라고 하셨습니다. 그 덕분에 제가 안정적인 직업을 가지게 된 거지요. 나중에 우리 아이들도 저처럼 전문직을 가졌으면 좋겠습니다.

Ⅲ 168~170

1

어제도, 오늘도, 내일도, 매일 반복되는 일. 재미없으시죠?
할 수 있는 일은 많지만 딱 맞는 일, 찾기가 쉽지 않으시죠?
나에게 숨어 있는 능력, 보여 줄 수 있습니다.

'드림 코리아'
일하고 싶으십니까?
중소기업에서 대기업까지!
13만 명! 저희 홈페이지를 찾아 주신 분들입니다.
인터넷 주소창에 한글로 '드림' 만 치십시오. 여러분의 밝은 미래가 시작됩니다.
학생 아르바이트는 자매회사 '알바짱' 을 찾아 주세요.

2

이력서를 쓰는 것은 간단한 일처럼 보이지만 충분한 시간을 가지고 잘 생각해서 써야 합니다. 이력서만큼 자신을 잘 보여 주는 것도 없기 때문입니다. 작은 실수라도 여러분을 불성실한 사람으로 보이게 할 수 있습니다. 자, 그럼 이력서 쓰는 법을 알아볼까요? 먼저 이력서에 붙이는 사진은 최근 3개월 안에 찍은 사진이어야 합니다. 그리고 학력을 쓸 때는 최근 것부터 쓰십시오. 예를 들면 대학교, 고등학교, 중학교 순서로 적어야 합니다. 이 때 고등학교는 졸업만, 대학교는 입학, 휴학, 졸업을 모두 써야 합니다. 다음은 이력서에 쓰면 안 되는 내용에 대해서 말씀드리겠습니다.

3

한국에서는 첫 월급을 받으면 부모님께 속옷을 선물로 드립니다. 1960,70년대에는 속옷이 비싸서 쉽게 사 입을 수 없었고 겨울철에 난방시설도 좋지 않았습니다. 그래서 부모님께서 추운 겨울을 따뜻하게 보내시도록 속옷을 선물한 겁니다. 자식들은 부모님께서 따뜻한 속옷을 입고 건강하게 지내시기를 바랐습니다. 지금도 부모님께 속옷을 드리는 사람이 많습니다. 옛날에는 빨간색 속옷을 드렸는데 지금은 그렇지 않습니다. 요즘은 예쁘고 다양한 색깔의 속옷이 많으니까요.

18과 오늘 2차는 어디로 갈까요?

I 171~174

1

남자1 : 다음 달에 동창회를 해야 할 텐데 어디 좋은 장소가 없을까?

남자2 : 금년은 우리가 졸업한 지 20주년이 되는 해니까 다른 해보다 좀 특별한 모임이 돼야겠지? 작년에 모였던 하나호텔도 괜찮기는 한데.

남자1 : 글쎄, 이번에는 우리 학교 운동장에서 졸업 20주년 기념 운동회를 하는 게 어떨까? 우리를 가르치셨던 선생님들도 모시고, 고등학교 시절로 돌아간 기분이 들 거야.

남자2 : 그거 좋은 생각인데. 동창 가족들도 모두 모이도록 하면 더 재미있겠군.

2

지영 : 리처드 씨, 생일 파티에 와 줘서 고마워요. 제 친구들은 재미있는 사람들이니까 금방 친구가 될 수 있을 거예요.

리처드 : 네, 초대해 줘서 고마워요. 그런데 지영 씨는 삼겹살을 아주 좋아하나 봐요. 친구들이 지영 씨를 위해서 삼겹살집을 예약한 걸 보면요.

지영 : 아! 아니에요. 제 친구들이 삼겹살을 좋아해서 제가 여기로 정한 거예요. 한국에서는 생일인 사람이 선물을 받고 보통 친구들한테 한턱내거든요.

리처드 : 그래요? 미국이랑 다르네요.

3

남자 선배 : 오늘 회식은 지난주에 입사한 유미정 씨를 환영하는 자리입니다. 유미정 씨, 한 말씀하시지요.

유미정 : 이런 자리를 마련해 주셔서 정말 감사합니다. 제가 아직 부족한 점이 많은데 선배님들께서 많이 도와 주셔서 큰 실수 없이 일하고 있습니다. 앞으로 더 열심히 하겠습니다.

여자 선배 : 여러분, 유미정 씨와 우리 해외 업무팀을 위해서 건배할까요? 위하여!
자, 오늘 2차는 어디로 갈까요? 오랜만에 춤을 추러 갈까요? 아니면 노래방에 갈까요? 유미정 씨가 결정하세요.

유미정 : 전 춤에는 자신이 없는데요.

4

여자 : 어제 우리 반 모임은 너무 즐거웠어요. 술을 많이 마시니까 친구들이 한국말을 더 잘 하던데요. 피터 씨도 왔으면 좋았을 텐데.

피터 : 미안해요. 어제 모임 시간이 아르바이트 시간이랑 겹쳐

서 못 갔어요. 다음 모임에는 꼭 갈게요.

여자 : 아, 참! 피터 씨는 술을 못 마신다면서요? 다음 모임 장소는 피터 씨가 생각해 보세요.

피터 : 고마워요. 그럼 우리 반에는 등산을 좋아하는 친구들이 많으니까 다음에는 등산을 같이 가는 게 어떨까요?

Ⅱ 175~177

여러분이 참석한 모임에서 느낀 점을 말씀해 주십시오.

1

어제 신입생 환영회가 신촌 호프집에서 있었어요. 가기 전에 제 마음은 기대 반, 걱정 반이었어요. 경영학을 전공하는 우리 과 선배들을 만나는 자리에서 여러 가지 이야기를 많이 들을 수 있을 것 같아서 기대가 됐어요. 하지만 신입생 환영회에서는 술을 많이 마신다고 해서 걱정이 됐어요. 저는 맥주 한 잔 정도밖에 못 마시거든요. 하지만 모임에 가 보니까 제가 괜히 걱정을 했던 것 같아요.

2

한국 사람들은 서서 이야기하는 서양식 파티에 익숙하지 않은 것 같습니다. 저는 한국에 와서 파티에 참석할 기회가 많았습니다. 저는 파티에서 새로운 한국 친구들을 만나서 이야기를 나누고 싶었습니다. 그런데 제가 가까이 가서 이야기하면 한국 사람들이 불편해 하더군요. 한국 사람들은 파티에서도 평소에 친한 사람들하고만 어울려서 즐기는 것 같습니다. 우리나라는 파티 분위기가 그렇지 않습니다.

3

저는 군대에 입대할 날짜가 2주 정도 남았는데 거의 날마다 약속이 있어요. 평일 저녁에는 학교 친구들이나 중학교, 고등학교 동창들이 송별회를 해 줄 테니까 나오라고 하고 주말에는 친척들이 식사를 같이 하재요. 친구랑 친척들이 고맙기는 한데 사실 송별회가 좋기만 한 건 아니에요. 만나면 술을 안 마실 수가 없잖아요. 저는 위가 약한 편이라서 건강이 걱정돼요. 그리고 저는 군대에 가기 전에 저 혼자만의 시간을 갖고 싶거든요.

Ⅲ 178~180

1

안녕하십니까? 저는 독일에서 온 알렉스입니다. 이번 주 금요일 오후 7시에 독일에서 온 학생들의 모임을 가지려고 합니다. 이 모임에 오시면 한국생활에 대한 정보도 얻고 새로운 친구들도 사귈 수 있을 겁니다. 한국어학당에 다니는 독일 학생이라면 누구든지 환영합니다. 지난 학기에도 20명이 넘게 와서 재미있는 시간을 보냈습니다. 이번에는 한국어학당 1층에서 만나서 자리를 옮기도록 하겠습니다. 오실 분들은 010-1423-8012로 연락주시기 바랍니다.

2

여성분들은 오랜만에 사람들을 만나러 갈 때 무슨 옷을 입을지 고민을 많이 하시지요? 단 하루의 모임을 위해서 특별히 비싼 옷을 사실 필요는 없습니다. 누구나 검정색 옷 한 벌 정도는 가지고 계실 거예요. 검정색은 나이에 관계없이 누구에게나 잘 어울립니다. 가지고 계신 검정색 옷을 입고 화려한 액세서리로 꾸며 보세요. 여러분도 멋쟁이가 되실 수 있습니다.

3

한국 사람들의 모임 중에 번개 모임이라는 게 있습니다. 한 사람이 모이자고 연락을 하자마자 번개처럼 빨리 만나서 놀고 헤어진다는 뜻입니다. 보통 취미나 생각이 비슷한 사람들이 만든 인터넷 동호회에서 이런 모임을 주로 합니다. 이런 모임에 들어가는 사람들은 나이나 직업, 남녀, 사는 곳에 관계없이 쉽게 친구가 됩니다. 인터넷에서 온라인으로 만나다가 누군가 한 사람이 갑자기 직접 만나자고 하면 시간이 되는 사람들끼리 모입니다.

19과 앞으로는 꼭 두 손으로 드릴게요

Ⅰ 181~184

1

하이펑 : 아줌마, 저는 아줌마가 해 주시는 음식이 제일 맛있어요. 지난번에 살던 집에서는 음식이 입에 안 맞아서

고생했는데 요즘은 식사 시간이 너무 즐거워요. 역시 여기로 옮기길 잘 했어요.

아줌마 : 어이구, 고마워요, 하이펑 씨. 그런데 하이펑 씨한테 한 가지 가르쳐 주고 싶은게 있는데. 한국에서는 식사할 때 그렇게 밥그릇을 들고 먹으면 안 돼요.

하이펑 : 아, 그래요? 중국에서는 보통 이렇게 먹는데. 죄송해요.

아줌마 : 죄송하기는요. 하이펑 씨가 몰라서 그런 건데요, 뭐. 집에서는 괜찮은데 하이펑씨는 한국 회사에 다니니까 중요한 모임에서 실수할까 봐 가르쳐 주는 거예요.

2

고모 : 진수야, 너도 담배를 피우니? 대학생이 됐으니까 고모도 뭐라고 하지는 않겠다만 어른들 앞에서 피우는 건 예의에 어긋나는 거란다. 너희 아버지가 안 가르쳐 주셨니?

진수 : 사실 아버지는 제가 담배 피우는 걸 모르고 계세요.

고모 : 너희 아버지도 네가 담배 피우는 걸 알았다면 가르쳐 주셨을 거다. 한국에서는 담배를 피우다가도 어른이 오시면 불을 끄는 게 예의란다.

진수 : 그렇군요. 제가 배워야 할 한국 예절이 정말 많네요.

3

남학생 : 저기 할머니 한 분이 서 계시네. 자리를 양보해 드려야겠다.

서양 여학생 : 양보라니? 그게 뭔데?

남학생 : 할머니를 위해서 자리를 드리는 거야. 노인들은 몸이 약하셔서 오래 서 계실 수 없잖아. 한국에서는 노인들께 자리를 양보하지 않으면 예의가 없다는 소리를 들어.

서양 여학생 : 그래? 너 아니었으면 실수했겠다.

4

선영 : 할아버지, 이거 선물이에요. 할아버지 생신날 아파서 못 갔어요.

할아버지 : 그래, 고맙다. 그런데 선영아, 윗사람한테 물건을 드리거나 받을 때는 꼭 두 손으로 해야 한단다.

선영 : 할아버지, 죄송해요. 앞으로는 꼭 두 손으로 드릴게요.

할아버지 : 그래. 다른 사람들한테서 예의 없는 아이라는 말은 안 들어야지.

Ⅱ 185~187

어느 나라에나 지켜야 할 예절이 있습니다. 예절을 지키지 않으면 주위 사람들에게 환영받지 못할 것 같은데요. 여러분의 생각은 어떻습니까?

1

저는 남편의 직장 일 때문에 한국에 와서 지금 한국어학당에 다니고 있어요. 우리 교실에는 여러 나라에서 온 20대 초반의 학생들이 많아요. 나이 차이는 많이 나지만 어린 학생들하고 공부하는 게 재미있어요. 그런데 제가 이해할 수 없는 게 하나 있어요. 수업 시간에는 휴대폰을 꺼야 하는 거 아닌가요? 그런데 휴대폰을 끄지 않는 학생이 많은 데다가 휴대폰 벨이 울리면 전화를 받으러 교실 밖으로 나가는 학생도 있어요. 제가 보기에는 예의가 없다는 생각이 드는데 여러분은 어떠세요?

2

어제 입사 후에 처음으로 회사 사람들과 술자리를 가지게 됐어요. 우리 부장님이 저한테 먼저 술을 한 잔 따라 주셨어요. 저는 한국 친구한테서 배운 대로 두 손으로 술잔을 받고는 고개를 옆으로 돌리고 술을 마셨어요. 부장님은 저한테 예의가 바르다고 하시면서 웃으셨어요. 그리고 자꾸 술을 따라 주셔서 다 마시느라고 좀 힘들었지만 회사 사람들하고 더 친해진 것 같아요. 저는 한국에서는 한국 예절을 따라야 한다고 생각해요. 다른 나라 예절에 익숙해지는 게 쉽지는 않지만 알고 있으면 좋은 점이 많은 것 같아요.

3

외국 사람들이 한국말을 할 때 자주 하는 말실수가 있어요. 이런 실수 중에는 듣는 사람의 기분을 상하게 하는 것들도 있으니까 조심해야 해요. 다른 사람에게 뭔가 부탁할 때는 '해 주세요'라고 해야 하는데 "하세요"라고 말하는 사람들이 많아요. 우리 반 학생 중에도 제 설명을 듣다가 모르는 게 있으면 "단어를 칠판에 쓰세요."라고 하거나 "다시 한 번 더 설명하세요."라고 하는 학생들이 있어요. 저는 학생들이 몰라서 실수한다는 걸 아니까 괜찮아요. 하지만 다른 한국 사람들은 그런 말을 들으면 기분이 나쁠 거예요.

Ⅲ 188~190

1

지금까지 한국의 식사예절에 대해서 공부했습니다. 이제 여러분은 한국 사람과 식사할 때 실수하는 일이 없겠지요? 수업을 끝내기 전에 한 가지만 더 말씀 드리겠습니다. 학기마다 제가 외국 학생들에게 많이 듣는 질문이 있습니다. 학생들은 한국 사람들을 처음 만났을 때 몇 살인지, 어디에 사는지, 이성 친구가 있는지 같은 개인적인 질문을 많이 받아서 한국 사람들이 예의가 없다고 생각하게 된다는데요. 한국 사람들이 그런 개인적인 질문을 많이 하는 이유는 여러분에게 관심이 많기 때문입니다. 그리고 나이에 따라서 반말을 쓸지, 존댓말을 쓸지도 정할 수 있고, 자기와 같은 점을 찾아서 빨리 친해지고 싶기 때문에 그런 겁니다. 한국 사람들한테서 이런 질문을 받으면 낭황하지 말고 여러분도 개인적인 질문을 해 보세요.

2

가수 김정훈 씨는 요즘 컴퓨터 켜기가 무섭다고 합니다. 바로 인터넷 댓글 때문이라고 하는데요. 인터넷에 날마다 올라오는 나쁜 말들 때문에 이젠 사람들을 만나기도 싫다고 합니다. 인터넷 댓글은 여러 사람이 의견을 나눌 수 있는 좋은 인터넷 문화입니다. 그렇지만 잘못 이용했을 때는 다른 사람에게 피해를 줄 수도 있습니다. 내가 쓴 글이 한 사람의 인생을 바꿀 수도 있다는 것을 생각하십시오. 얼굴이 보이지 않는다고 해서 아무 생각 없이 나쁜 말을 쓰면 안 되겠습니다. 인터넷을 이용할 때도 예의가 필요합니다.

3

한국 사람들은 옛날부터 다른 사람에 대한 예의를 아주 중요하게 생각했습니다. 이런 생각은 말에서도 찾아 볼 수 있는데요. 우선 한국 사람들은 윗사람과 처음 보는 사람에게 반말을 사용하면 예의가 없다고 생각합니다. 또 상대방보다 자신을 낮추는 게 예의라고 생각합니다. 이런 표현 중에서 자주 쓰이는 말로는 '저희'가 있습니다. 우리와 같은 뜻이지만 말하는 사람을 낮추고 상대방을 높이는 표현입니다. 그리고 한국 사람들은 다른 사람에게 예의 없는 사람으로 보일까 봐 자신이 한 일을 자랑하지도 않습니다. 고맙다는 인사를 들으면 "고맙기는요." 라든가 "제가 할 일을 했을 뿐이에요."라고 말합니다. 상다리가 부러질 만큼 음식을 많이 차려도 손님에게 "차린 건 없지만 많이 드세요."라고 말합니다.

20과 세배할 줄 알아요?

Ⅰ 191~194

1

여자 : 스티브, 오늘 네 생일이지? 축하해! 오늘 시험 잘 보고 이따가 만나자. 그런데 너 표정이 왜 그래? 무슨 걱정이 있니?

스티브 : 사실은 하숙집 아주머니께 미안해서 그래. 아침에 내 생일이라고 미역국을 끓여 주셨거든. 그런데 한국에서는 미역국을 먹으면 시험에 떨어진다는 말이 있잖아. 그래서 배가 아프다고 하고 미역국을 안 먹었어.

여 자 : 에이, 그래도 아줌마가 널 위해서 끓여 주신 건데 조금이라도 먹지 그랬니?

스티브 : 그러게 말이야. 지금 생각해 보니까 내가 정말 잘못한 것 같다.

2

우진 : 큰어머니, 제사 때는 항상 이렇게 음식을 많이 준비해요?

큰어머니 : 응, 음식이 정말 많지? 며칠 전부터 장을 보고 음식을 만드느라고 정신없이 바빴단다. 이번 제사에는 네가 참석해서 할아버지께서도 하늘에서 더 기뻐하시 겠구나.

우진 : 미국 우리 집에서는 제사를 안 지내서 어떻게 제사를 지내는 건지 궁금했는데 오늘 좋은 공부가 될 것 같아요. 와, 여기 내가 좋아하는 빈대떡이 있네! 하나 먹어 봐야지.

큰어머니 : 우진아, 제사상에 올리는 음식에는 먼저 손을 대면 안 되는 거야. 나중에 제사가 끝난 후에 먹도록 해라.

3

남자 : 나, 내일 갑자기 부산에 가게 됐어요. 한국 친구가 고향 집에 초대했거든요.

여자 : 와, 한국의 설날 풍습을 배울 수 있는 좋은 기회가 되겠군요. 그런데 세배할 줄 알아요?

남자 : 세배요?

여자 : 세배란 설날에 어른들께 드리는 인사예요. 세배할 때는 "새해 복 많이 받으세요."라고 인사를 드려야 해요. 난 작년에 친구 어머니께 세배하고 세뱃돈도 받았어요. 정말 기분이 좋던데요.

4

남학생 : 선생님, 어제 친구 아버지께서 갑자기 돌아가셨대요. 장례식장에 가 봐야 할 것 같은데 제가 어떻게 해야 하는지 좀 가르쳐 주세요.

선생님 : 친구가 참 안 됐군요. 우선 검정색 옷을 입고 가세요. 그리고 돈을 준비해 가지고 가는 게 좋아요. 세르게이 씨의 마음을 전하는 거지요.

남학생 : 그런데 아무 때나 가도 돼요? 오늘 아르바이트가 밤 10시에 끝나는데.

선생님 : 가족들이 밤새도록 장례식장을 지키고 있으니까 늦어도 괜찮아요. 그리고 보통 한국에서는 돌아가신 날부터 3일째 되는 날 장례식을 하니까 오늘 가 보는 게 좋겠네요.

Ⅱ 195~197

여러분은 특별한 날을 어떻게 보내세요?

1

추석이나 설날에 주위 분들께 선물하는 건 좋은 풍습이라고 생각해요. 뉴스를 보니까 요즘은 명절 선물로 상품권이 제일 인기래요. 주는 사람도 편리하고 받는 사람도 좋아하니까 좋지요, 뭐. 그런데 제 생각에 선물에는 주는 사람의 마음과 정성이 들어 있어야 한다고 봐요. 그래서 저는 작년부터 제가 직접 만든 한국 전통과자를 예쁘게 포장해서 주위 분들께 드려요. 만들기가 쉽지는 않지만 받는 분들이 과자를 드실 때마다 제 마음을 알아 주실 거라고 생각하면 기분이 좋아요.

2

오늘은 2월 14일, 밸런타인 데이였어요. 제 여자 친구는 한국 사람인데 저한테 초콜릿을 한 상자 줬어요. 저도 여자 친구한테 장미꽃이랑 카드를 줬고요. 그런데 여자 친구가 좀 놀란 것 같았어요. 한국에서 밸런타인 데이는 여자가 사랑하는 남자한테 초콜릿을 주는 날이래요. 남자는 3월 14일에 여자한테 사탕을 주는데 그날은 화이트 데이라고 한대요. 미국에서는 남자, 여자 관계없이 모든 사람이 밸런타인 데이에 사랑하는 사람이나 가족, 친구들한테 선물을 하는 풍습이 있고 화이트 데이는 없어요. 서양 풍습이 한국에 들어와서 바뀐 것 같아요.

3

얼마 전에 친구 할머니 칠순잔치에 다녀왔어요. 칠순은 일흔 살이 되는 날이에요. 시내에 있는 큰 식당에서 잔치를 했는데 식당은 초대 받은 손님들로 아주 붐볐어요. 저는 친구가 가르쳐 준 대로 친구 할머니께 건강하게 오래 사시라고 말씀드렸어요. 기뻐하시는 친구 할머니를 보니까 고향에 계시는 우리 할머니가 생각났어요. 우리나라에서는 할아버지, 할머니 생신에 이렇게 큰 잔치를 하지는 않아요. 한국에서는 젊은 사람보다 나이 드신 분들의 생일잔치를 더 크게 하는 것 같아요. 부모님께 효도하는 걸 중요하게 생각해서 그런가 봐요.

Ⅲ 198~200

1

아, 아. 연세아파트 부녀회에서 말씀드리겠습니다. 저희 부녀회에서는 주민 여러분이 어울려서 즐거운 추석을 보낼 수 있도록 민속놀이 축제를 마련했습니다. 이번 축제에는 송편 만들기 대회도 있습니다. 그 자리에서 가장 예쁜 송편을 만드신 분께는 선물을 드릴 예정입니다. 추석날 오후 2시, 101동 앞 관리사무실로 모여 주십시오. 우리 아파트 주민이 아니어도 괜찮습니다. 추석을 맞아 우리 아파트를 방문하신 주민 여러분의 친척분도 환영합니다. 많이 오셔서 민속놀이도 즐기시고 이웃과도 더 가까워지는 시간이 되시기 바랍니다.

2

한국 사람과 결혼한 외국 여성들은 한국 풍습을 잘 몰라서 고생하는 경우가 많습니다. 지금 저는 이런 분들을 위해서 우리 명절 풍습을 가르치는 곳에 나와 있습니다. 여기에서는 많은 외국 여성들이 한복 입는 법, 큰절하기, 명절 음식 만들기 등 여러 가지 한국 문화를 열심히 배우고 있는데요. 한복을 입고 절을 하는 것이 힘들어 보입니다. 하지만 명절 음식을 만드는 솜씨들은 꽤 좋습니다. 필리핀에서 오신 한 주부의 말입니다. "명절이 되면 걱정이 됐는데 오늘 많이 배워서 이젠 명절을 잘 보낼 수 있을 것 같아요." 해마다 설날 일 주일 전에 열리는 이 행사는 한국으로 시집 온 외국 여성들에게 큰 도움을 주고 있습니다.

3

한국에서는 아기가 태어난 지 1년 되는 날을 돌이라고 하고 이

날 하는 파티를 돌잔치라고 합니다. 돌잔치 풍습 중에는 돌잡이라는 것이 있습니다. 음식이 차려진 상 위에 여러 가지 물건을 놓은 후에 아기가 그 중의 하나를 잡도록 하는 것입니다. 옛날에는 돈, 실, 연필 등을 놓았습니다. 그 물건들에는 각각 의미가 있었습니다. 돈은 부자가 되는 것을, 연필은 공부 잘 하는 것을, 그리고 실은 오래 사는 것을 의미합니다. 요즘은 시대가 변해서 돌잡이 물건들도 많이 달라졌습니다. 컴퓨터 마우스, 골프공, 마이크, 칫솔, 분필 등을 놓습니다. 여러분은 이 물건들이 무엇을 의미하는지 아시겠습니까?

모범 답안

1과 독방은 하숙비가 얼마예요?

알아봅시다

Ⅱ.

1. 처음에 큰돈을 내고 집을 빌리는 것. 돈은 나중에 돌려받음
2. 매달 집 주인에게 돈을 내고 집을 빌리는 것
3. 전세나 월세로 집을 빌릴 때 주인에게 맡기는 돈
4. 아파트에 사는 사람이 수도, 전기 등을 사용하고 내는 돈

들읍시다

Ⅰ.

1. ① 2. ③ 3. ① 4. ②

Ⅱ.

2

학교 안/문 닫는 시간

3

월세/보증금

1

아주머니

1. ① (○)
   ② (×)
2. ① (○)
   ② (○)
3. ① (○)
   ② (×)

Ⅲ.

1.
   1) ② 2) ③

2.
   1) ② 2) ①

3.

1) ☐ 한옥의 색 ☑ 한옥의 장점 ☑ 한옥의 단점
☐ 한옥의 역사 ☐ 한옥의 크기 ☑ 한옥의 인기

2)

한옥의 여름	(바람이 잘 통해서) 시원하게 지낼 수 있다.
한옥의 겨울	(온돌 덕분에) 따뜻하게 지낼 수 있다.

2과 이번에 대학에 입학한 신입생이에요

알아봅시다

Ⅱ.

1. 상담실 2. 강당
3. 강의실 4. 학생회관

들읍시다

Ⅰ.

1. ① 가입하지 않았다
   ② 학생회관
2. ① 마지막날
   ② 고향에 돌아갈 것이다
3. ① 학생회관
   ② 시험공부를 할 것이다
4. ① 1년
   ② 처음 듣는다

Ⅱ.

1. "동아리에 가입하세요."
2. "상담실에 가세요."
3. "아르바이트를 하세요."

1. ② 2. ③ 3. ②

Ⅲ.

1.

1) ② 2) ①

2.

1) ①

2)

• 수업 기간 : 6 주

• 수업 시간 : 9 시 30 분 ~ 12 시 30 분

• 특별활동과목 : 태권도 / 한국 요리 / 한국 노래

3.

1)

☐ 여자아이들도 공부할 수 있었다.

☑ 지금의 초등학교와 같은 곳이었다.

☐ 나이가 같은 아이들이 함께 공부하는 곳이었다.

☑ 공부를 잘 하면 다른 학생보다 책을 빨리 끝낼 수 있었다.

☑ 예절도 배울 수 있었다.

2) ③

3과 이야기하다가 친구가 됐어요

알아봅시다

Ⅱ.

1. 이기적인
2. 깔끔해서
3. 내성적이어서
4. 변덕스러워서

들읍시다

Ⅰ.

1. ② 2. ②

3. ① 4. ②

Ⅱ.

1. 성격 : 깔끔하다
 나 ☑
 방 친구 ☐

2. 성격 : 이기적이다
 나 ☐
 여자 친구 ☑

3. 성격 : 변덕스럽다
 나 ☐
 유미 ☑

1. ① (×)
 ② (○)
2. ① (×)
 ② (○)
3. ① (×)
 ② (×)

Ⅲ.

1.

1) ③ 2) ③

2.

1) ② 2) ②

3.

1)
- ☑ 소개팅 장소
- ☐ 소개팅 시간
- ☑ 소개팅의 뜻
- ☑ 소개팅 예의
- ☑ 소개팅과 미팅의 차이
- ☐ 소개팅이 인기 있는 이유

2) ③

Ⅲ.

1.
1) ② 2) ③

2.
1) ② 2) ③

3.
1) ① 2) ②

4과 차가 왜 이렇게 밀리지요?

알아봅시다

Ⅱ.

1. 충전 2. 단말기
3. 카드를 대다 4. 버스전용차선

들읍시다

Ⅰ.

1. ① 2. ① 3. ② 4. ②

Ⅱ.

1. 택시 2. 지하철 3. 버스

1. ① (×) ② (○)
2. ① (○) ② (○)
3. ① (○) ② (×)

5과 2번 창구로 오십시오

알아봅시다

Ⅱ.

1.	2.	3.
은행	경찰서	출입국관리사무소
현금자동인출기 환전수수료	도난 신고서	외국인 등록증

들읍시다

Ⅰ.

1. ① (×) ② (○)
2. ① (○) ② (×)
3. ① (○) ② (×)
4. ① (×) ② (×)

Ⅱ.

1. ① 2. ③ 3. ③

1. ② 2. ③ 3. ③

Ⅲ.

1.

1) ②　　　2) ③

2.

1) ②

2) 한국에서 (3개월) 이상 살려고 하는 외국인은 입국 후 (90일) 안에 외국인 등록증을 만들어야 한다.

3.

1) ③

2)
- ☑ 우체국 쇼핑이 시작된 때
- ☐ 우체국 쇼핑이 시작된 이유
- ☑ 우체국 쇼핑을 이용하는 방법
- ☐ 우체국 쇼핑을 이용할 때 주의할 점
- ☑ 우체국 쇼핑으로 살 수 있는 것

6과 즐거운 여행 되시기 바랍니다

알아봅시다

Ⅱ.

1. 여행자 수표　　　2. 탑승권
3. 관광안내서　　　4. 세면도구

들읍시다

Ⅰ.

1. ① (○)
   ② (×)

2. ① (×)
   ② (×)

3. ① (○)
   ② (×)

4. ① (○)
   ② (×)

Ⅱ.

1. ①　2. ③　3. ②

1. ②　2. ①　3. ③

Ⅲ.

1.

1) ③　　　2) ③

2.

1) ②　　　2) ②

3.

1) 자식들이 부모님을 위해서 여행을 보내드리는 것

2)
- ☐ 효도 관광의 비용
- ☑ 효도 관광을 보내 드리는 때
- ☐ 효도 관광에 필요한 준비물
- ☐ 효도 관광을 가기에 좋은 계절
- ☑ 효도 관광 여행지로 인기 있는 곳

7과 여러 나라 동전을 수집하고 있어요

알아봅시다

Ⅱ.

1. 촬영　　　2. 연주
3. 감상　　　4. 수집

들읍시다

Ⅰ.

1. ③　2. ①　3. ③　4. ①

Ⅱ.

1. ③　　2. ①　　3. ②

1. ③　　2. ②　　3. ①

Ⅲ.

1.

1) ①　　2) ①

2.

1) ②

2)

반	수강료(재료비 포함)	배우는 것
하루반	2만 원	만들고 싶은 요리 한 가지
한 달 완성반	16만 원	유명한 한국 요리 12가지

3.

1) ① 싸다.

② 다른 곳에서 배울 수 없는 것을 배울 수 있다.

2) ②

8과 인터넷으로 예매하고 극장에 가요

알아봅시다

Ⅱ.

1. 상영　　2. 영화제

3. 주인공　　4. 개봉

들읍시다

Ⅰ.

1. ②　　2. ③　　3. ①　　4. ②

Ⅱ.

(2)

(1)

(3)

1. 영화내용　　2. 예매율　　3. 배우

Ⅲ.

1.

1) ①　　2) ②

2.

1) ①　　2) ②

3.

1)

- ☑ 영화제의 역사
- ☐ 영화제의 입장료
- ☑ 영화제가 열리는 때
- ☑ 영화제가 열리는 장소
- ☐ 영화제에 참가하는 나라 이름

2) ①

9과 저는 찜질방에 자주 가요

알아봅시다

Ⅱ.

1. 시원하다　　2. 아슬아슬하다

3. 신나다　　4. 답답하다

듣읍시다

Ⅰ.

1. ① (○)
   ② (×)
2. ① (×)
   ② (×)
3. ① (○)
   ② (×)
4. ① (×)
   ② (×)

Ⅱ.

1. ③　　2. ③　　3. ②

1.

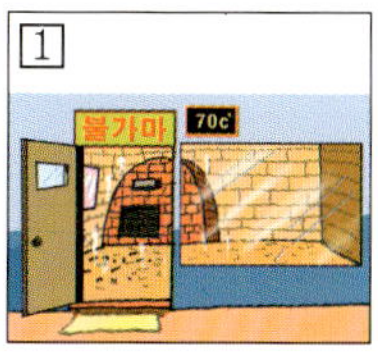

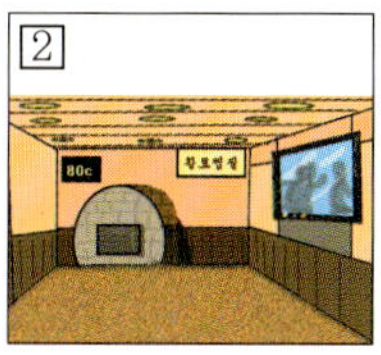

2.

3.

Ⅲ.

1.
1) ②　　2) ②

2.
1) ①　　2) ②

3.
1)
- ☐ 찜질방 이용 요금
- ☐ 찜질방이 있는 곳
- ☑ 찜질방에서 할 수 있는 것
- ☑ 찜질방을 이용할 수 있는 시간
- ☐ 찜질방을 이용할 때 걸리는 시간

2) ③

10과 이쪽에 있는 머리핀은 얼마예요?

알아봅시다

Ⅱ.

1. 매장　　2. 제조일자
3. 상가　　4. 품절

듣읍시다

Ⅰ.

1. ① (○)
   ② (○)
2. ① (×)
   ② (×)
3. ① (×)
   ② (×)
4. ① (×)
   ② (○)

Ⅱ.

1. "살 물건을 다른 곳에서 직접 보는 게 좋아요."

2. "살 물건을 메모해 가지고 가세요."

☑ 

☐ 

3. "살 물건에 대해서 잘 아는 사람과 같이 가세요."

☐ 

☑ 

1. ③　　2. ①　　3. ②

Ⅲ.

1.
1) ②　　2) ③

2.
1) ①　　2) ②

3.
1) ③
2) ① 유행하는 옷을 다른 곳 보다 싸게 살 수 있다.
② 독특한 분위기가 있다.

11과 피부가 좋아질 수 있을까요?

알아봅시다

Ⅱ.

1. 거칠다　　2. 굵다
3. 날씬하다　　4. 갸름하다

들읍시다

Ⅰ.

1. ①　　2. ①　　3. ②　　4. ①

Ⅱ.

1. ①　　2. ②　　3. ③

1. ① (○)
② (×)
2. ① (×)
② (×)
3. ① (○)
② (×)

Ⅲ.

1.
1) ③　　2) ③

2.
1) ①　　2) ②

3.
1) ①
2)
☐ 쌍꺼풀 있는 눈　　☐ 작은 귀
☑ 좁고 긴 코　　☑ 작은 입술
☑ 둥근 얼굴

12과 TV로 영어 강의를 들어요

알아봅시다

Ⅱ.

1. 연예인　　2. 출연자

3. 시청자　　　　　　4. 사회자

듣읍시다

Ⅰ.

1. 오늘의 뉴스
2. 특집 드라마 – 안녕! 내 사랑
3. 생방송 – 출발! 인기 가요
4. 토크쇼 – 최희선이 만난 사람

Ⅱ.

1. ③　　2. ③　　3. ②

1. ③　　2. ②　　3. ③

Ⅲ.

1.
　1) ②　　　　2) ③

2.
　1) ①　　　　2) ①

3.
　1) ①　　　　2) ②

13과 저는 평소에 김밥을 즐겨 먹어요

알아봅시다

Ⅱ.

1. 뿌리다　　　　2. 젓다
3. 끓이다　　　　4. 부치다

듣읍시다

Ⅰ.

1. ②　　2. ②　　3. ③　　4. ①

Ⅱ.

1. ②　　2. ①　　3. ②

1. ①　　2. ②　　3. ②

Ⅲ.

1.

1) 

2) ③

2.

1) ②　　2) 남은 음식을 새해에 먹지 않으려고

3.

1)
- ☑ 고추는 조선시대에 들어 왔다.
- ☐ 고추가 들어오기 전에 한국에는 김치가 없었다.
- ☑ 오이김치는 고춧가루로 만든 최초의 김치이다.
- ☐ 김치는 만든 장소에 따라 180가지의 김치가 있다.
- ☑ 김치냉장고 덕분에 김치를 맛있게 먹을 수 있다.

2) 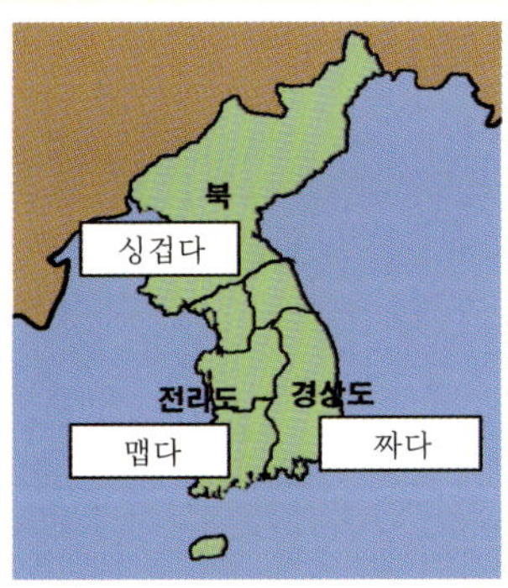

14과 감기에 걸린 적이 거의 없어요

알아봅시다

Ⅱ.

1. 진찰　　2. 검사
3. 수술　　4. 치료

들읍시다

Ⅰ.

1. ②　　2. ①
3. ③　　4. ②

Ⅱ.

1. ②　2. ①　3. ②

1. ① (○)　② (×)
2. ① (×)　② (×)
3. ① (×)　② (×)

Ⅲ.

1.
1) ①　　2) ③

2.
1) ②
2) 1 – 버스나 지하철에서 내리는 곳
2 – 하루에 걷는 거리
3 – 계단

3.
1) ①

2)

진찰 방법	손목을 잡아 보거나 배를 눌러 본다.
치료 방법	침을 놓거나 한약을 지어 준다.

15과 여보세요, 거기 119지요?

알아봅시다

Ⅱ.

1. 전화번호 변경 안내　　2. 통화 중 대기
3. 수신자 부담　　4. 발신자 표시

들읍시다

Ⅰ.

1. ① (○)　② (×)
2. ① (○)　② (×)
3. ① (×)　② (○)
4. ① (×)　② (×)

Ⅱ.

1.	2.	3.
전화한 사람 : 엄마	전화한 사람 : 백화점 직원	전화한 사람 : 김정훈 팬클럽 회원
용건 : 부탁한 책에 대해서 이야기하려고	용건 : 청바지를 찾으러 오라고	용건 : 콘서트 표를 팔려고

1. ③　2. ①　3. ③

Ⅲ.

1.
1) ①　　2) ②

2.

1) ③

2) ① 문자 요금이 통화 요금보다 더 싸다.

② 한 번에 여러 사람에게 같은 내용을 보낼 수 있다.

3.

1) ②　　2) ②

2.

1) ②　　2) ③

3.

1)

- ☑ 기러기를 주는 사람
- ☐ 기러기의 모양
- ☑ 기러기를 주는 때
- ☐ 나무 기러기로 바꾼 이유

2) ②

16과 결혼하고 싶은 생각이 별로 없어요

알아봅시다

Ⅱ.

1. 핵가족　　2. 맞벌이 가정

3. 대가족　　4. 다문화 가정

들읍시다

Ⅰ.

1. ①　　2. ①

3. ②　　4. ③

Ⅱ.

1. ②　　2. ③　　3. ①

1. ① (○)　② (×)

2. ① (×)　② (○)

3. ① (×)　② (○)

Ⅲ.

1.

1) ①　　2) ③

17과 일이 적성에 맞지 않아서 힘들어요

알아봅시다

Ⅱ.

1. 취직　　2. 조건

3. 이력서　　4. 제출

들읍시다

Ⅰ.

1. ③　　2. ②

3. ①　　4. ①

Ⅱ.

1. ②　　2. ②　　3. ①

1. ①　　2. ②　　3. ③

Ⅲ.

1.

1) ③　　2) ①

2.

1) ①

2)

이 력 서
이름 : 한준서
주민등록번호 : 811223 – 1××××××
주소 : 서울시 서대문구 성산로 262
학 력
③
②
①

3.

1) ③　　　2) ②

18과 오늘 2차는 어디로 갈까요?

알아봅시다

Ⅱ.

1. 직장 동료, 상사, 부하 직원
2. 초등학교, 중학교, 고등학교, 대학교 친구
3. 신입생, 신입사원
4. 군대에 가는 친구, 고향에 돌아가는 친구

들읍시다

Ⅰ.

1. ③　　　2. ①

3. ②　　　4. ②

Ⅱ.

1. ③　2. ③　3. ②

1. ②　2. ③　3. ③

Ⅲ.

1.

1)

모이는 시간 : 이번 주 금요일 오후 7시

모이는 장소 : 한국어학당 1층

모이는 목적 : ① 한국 생활에 대한 정보 얻기

② 새로운 친구 사귀기

2) ①

2.

1) ③　　　2) ①

3.

1) ②

2) 번개처럼 빨리 만나서 놀고 헤어지기 때문에

19과 앞으로는 꼭 두 손으로 드릴게요

알아봅시다

Ⅱ.

1. 지켜야　　　2. 어긋난

3. 바른　　　4. 없는

들읍시다

Ⅰ.

1. ① (×)　② (×)

2. ① (○)　② (×)

3. ① (○)　② (×)

4. ① (×)　② (×)

Ⅱ.

1. ①　2. ②　3. ③

1. ③　2. ②　3. ②

Ⅲ.

1.

1) ③　2) ③

2.

1) ①

2)

좋은 점	여러 사람이 의견을 나눌 수 있다.
나쁜 점	다른 사람에게 피해를 줄 수도 있다.

3.

1) ②　2) ②

20과 세배할 줄 알아요?

알아봅시다

Ⅱ.

1. 설날　2. 추석

3. 돌　4. 칠순

들읍시다

Ⅰ.

1. ②　2. ③

3. ①　4. ②

Ⅱ.

1. ③　2. ②　3. ③

1. ②　2. ③　3. ②

Ⅲ.

1.

1) ③　2) ②

2.

1)

☑ 행사에 참가하는 사람
☐ 행사의 참가비
☑ 행사에서 배우는 것
☑ 행사가 열리는 때
☐ 행사에 참가한 사람의 수

2) ①

3.

1)

	공부 잘 하는 것
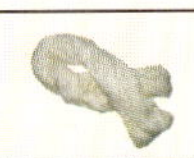	오래 사는 것
	부자가 되는 것

2) ①

어휘 색인

* 각 과의 어휘는 교재에 제시된 순서를 따른 것임

1과

전세
월세
보증금
관리비
고시원
복도
욕조
공간
관리실
주민
치우다
반드시
합하다
바람이 잘 통하다
체험

2과

강당
강의실
상담실
학생회관
가입하다
큰일 나다
신입생
특별 활동
서당
실력
책거리
수고하다

3과

깔끔하다
내성적이다
변덕스럽다
이기적이다
게시판
서투르다
걔
인상
성실하다
이상형
동아리
회원
말을 걸다
남기다
상대방

4과

충전
단말기
버스전용 차선
카드를 대다
막아 놓다
골목길
미리
귀찮다
기체
흔들리다
표시등
지시

삼가다

부딪치다

5과

도난 신고서

환전 수수료

외국인 등록증

현금자동인출기

짜증이 나다

아무리

분실 신고

통장

서류

도난당하다

훔치다

지점

외국인 전용 창구

연결하다

6과

탑승권

세면도구

관광안내서

여행자 수표

아무 때나

차다 1

숨기다

차다 2

꼼꼼히

가능하다

제공하다

이용권

효도 관광

피하다

7과

촬영

수집

감상

연주

눕다

애완동물

꾸미다

보람

마술

마음 놓고

전시회

자랑하다

완성

수강료

등록

8과

개봉

상영

영화제

주인공

상을 받다

맨-

자막

조마조마하다

내용

실망하다

무더위

우정

노력하다

9과

신나다

답답하다

시원하다
아슬아슬하다
잔소리
발을 담그다
피로를 풀다
헤매다
고생
정원
복합 쇼핑몰
묘기
온도
땀을 내다

10과

매장
상가
품절
제조일자
머리핀
환불하다
비교하다
대리점
지치다
입맛을 살리다
고급
지하철이 끊기다
자가용
독특하다

11과

굵다
거칠다
갸름하다
날씬하다
피부 관리
아깝다
어색하다
외모
속상하다
면접 시험
닮다
태양
막다
곱다
오똑하다
쌍꺼풀

12과

시청자
연예인
사회자
출연자
배터리가 떨어지다
녹화하다
과목
게다가
흘러가다
즐겨 보다
식물
참가하다
소중하다
한류
열기

13과

젓다
뿌리다
부치다
끓이다
후회하다
입맛이 없다
빠지다

뒷골목
변하다
인스턴트
풍습
즐겨 먹다
지방
보관 방법
묻다

14과

검사
진찰
치료
수술
두통
눈이 붓다
향기
검은콩
껍질
보호하다
한의학
한의원
누르다
침을 놓다
한약을 짓다

15과

통화 중 대기
발신자 표시
수신자 부담
전화번호 변경 안내
요청하다
잠기다
부재 중
용건
헌책방
팬클럽
낭비하다
엄지 손가락

16과

대가족
핵가족
다문화 가정
맞벌이 가정
차례
모처럼
잠들다
생각이 깊다
헷갈리다
배우자
발견하다
마중 나가다
커플
기러기

17과

취직
조건
제출
이력서
주의를 듣다
지원하다
자격증을 따다
실감하다
무역회사
적성에 맞다
전문직
안정적이다
반복되다
중소기업
불성실하다

학력
난방시설

18과

회식
동창회
환영회
송별회
마련하다
건배하다
겹치다
호프집
입대하다
멋쟁이
번개 모임
온라인

19과

예의가 없다
예의가 바르다
예의를 지키다
예의에 어긋나다
양보하다
초반
술을 따르다
고개를 돌리다
당황하다
인터넷 댓글
의견
피해
낮추다
음식을 차리다

20과

돌
설날
칠순
추석
표정
제사를 지내다
빈대떡
손을 대다
장례식
부녀회
민속놀이
큰절
돌잡이